Josef Wieland (Hg.)

Die Tugend der Governance

D1669029

Studien zur Governanceethik

Herausgegeben von Josef Wieland

Band 4

Josef Wieland (Hg.)

Die Tugend der Governance

Metropolis-Verlag

Marburg 2006

Bibliografische Information Der Deutschen Bibliothek

Die Deutsche Bibliothek verzeichnet diese Publikation in der Deutschen Nationalbibliografie; detaillierte bibliografische Daten sind im Internet über <http://dnb.ddb.de> abrufbar.

Metropolis-Verlag für Ökonomie, Gesellschaft und Politik GmbH
Bahnhofstr. 16a, 35037 Marburg, Deutschland
Copyright: Metropolis-Verlag, Marburg 2006
http://www.metropolis-verlag.de
Alle Rechte vorbehalten

ISBN 3-89518-546-9

Inhalt

Die Tugend der Governance

Reflexion und Kritik

Josef Wieland

I. Der Tugendbegriff der Governanceethik

Die Governanceethik ist eine starke Form der Tugendethik.[1] Sie definiert ethische Tugenden als die Bereitschaft und die Fähigkeit individueller und kollektiver Akteure, die moralisch codierten Wertvorstellungen einer gegebenen Gesellschaft, ihrer Institutionen und Organisationen, durch angemessene Handlungen und Governanceprozesse vortrefflich zu realisieren. Das grundlegende Ziel aller in diesem Sinne tugendhaften Handlungen ist die Entwicklung und Stärkung der Bereitschaft und Fähigkeit der individuellen und kollektiven Akteure einer Gesellschaft zur Kooperation zum wechselseitigen Vorteil. Die normative Maxime der Governanceethik kann daher nur lauten: „Sei kooperationsbereit und kooperationsfähig! Mehre Kooperationschancen!"[2] Diese Definition des Tugendverständnisses in der Governanceethik möchte ich nun im Hinblick auf vier Aspekte erläutern.

1. Mit der Betonung, dass es sich um eine „starke Form der Tugendethik" handelt, wird zunächst hervorgehoben, dass die individuellen Tugenden nicht als isolierte Präferenzen oder Selbstbindungsregimes (IS) verstanden werden können, sondern in ihrem Zusammenhang und

---

[1] Vgl. Wieland 2001 und 2005, bes. Kapitel 3.

[2] Wieland 1997 in Martin Held, S. 275; vgl. ebenfalls Wieland 2000 in Kettner.

ihrer Simultanität[3] mit den formalen und informalen Institutionen (FI, IF) und den organisatorischen Koordinations- und Kooperationsstrukturen (OKK) einer gegebenen sozialen Einheit gesehen werden müssen. Mit diesen Festlegungen soll vor allem vermieden werden, Tugend verengt als Charaktereigenschaft eines Handelnden zu verstehen, der gerade durch diese Disposition in die Lage versetzt wird, entsprechend seinen moralischen Überzeugungen dauerhaft zu handeln.[4] Das Problem der Governanceethik mit einer solchen „schwachen Form der Tugendethik" ist nicht allein, dass sie deren Verengung auf individuelle Akteure und moralische Werte beinhaltet, sondern dass Charakter allein, also die Bereitschaft, tugendhaft zu handeln, in der Regel nicht ausreicht, um tatsächlich tugendhaft zu handeln. Motivationale Bereitschaft und die tatsächliche Fähigkeit zu moralischem Handeln dürfen nicht in eins gesetzt werden. Tugend, die sich auf nichts weiter stützt als auf einen moralisch festen Charakter, also eine „schwache Form der Tugend", ist ein Grenzfall, der vermieden werden sollte, wenn Tugenden in der realen Praxis der Gesellschaft wirklich eine Rolle spielen sollen. Zu diesem Zweck müssen institutionelle und organisationale Ressourcen zu den individuellen Ressourcen hinzukommen. Genau das ist es, was mit dem Prädikat „starke Form" angezeigt wird. Ein weiterer Aspekt des Prädikats „starke Form der Tugendethik", nämlich dass sowohl individuelle als auch kollektive Akteure als jeweils vollwertige und gleichwertige moralische Akteure in Betracht kommen, folgt zwanglos aus diesen Festlegungen. Schwache Tugendethiken, also solche, die sich nur oder hauptsächlich auf die motivationalen Ressourcen von individuellen Akteuren beziehen, bezeichne ich deshalb als „schwach", weil ihre systematische (also nicht der mögliche Einzelfall) empirische Effektivität und Effizienz gering ist. Starke Tugendethiken, also solche, die neben den individuellen auch kollektiven Akteuren zugerechnet werden und die neben den individuellen Ressourcen die mobilisierbaren institutionellen und orga-

---

[3] Vgl. für die strategische Bedeutung der Simultanität im theoretischen Kontext der Governanceethik Wieland 2004a.

[4] Vgl. für eine solche klassische Position den Beitrag von Kettner in diesem Band, Fußnote 14.

nisationalen Ressourcen begrifflich integrieren, bezeichne ich deshalb als „stark", weil ihre empirische Effektivität und Effizienz hoch ist.

2. Die theoretische Konzeption der Tugenden als die Bereitschaft und die Fähigkeit eines Akteurs zu tugendhaften Handlungen oder Verhaltensweisen ist die institutionenökonomische Übersetzung der tradierten philosophischen Überlegungen des alten Europas, dass es zur tatsächlichen Realisierung moralischer Ansprüche an Handeln und Verhalten sowohl einer individuellen Bereitschaft (Willen, Gesinnung, Überzeugung, Sympathie, Charakter etc.) als auch der Fähigkeit (äußere Güter wie finanzielle Ressourcen, Macht, Reputation, Institutionen, Organisationen und innere Güter wie Vernunft, Wissen, Klugheit, Charakter etc.) bedarf. Wer hohe moralische Ansprüche sich selbst oder anderen gegenüber zur Geltung bringt, aber bedauerlicherweise über keine angemessenen Ressourcen der Realisierung verfügt, ist genauso wenig tugendhaft wie jemand, der zwar über alle diese Ressourcen verfügt, dem es aber an einer wirklichen Bereitschaft, sie für die Zwecke der Tugend einzusetzen, mangelt. Durch die Verknüpfung von motivationalen und strukturellen Ressourcen im Tugendbegriff der Governanceethik wird die Fähigkeit zu tugendhaftem Handeln zu einem konstitutionellen Zug von Tugend überhaupt. Dies führt zu der Schlussfolgerung, dass nicht allein die Bereitschaft, sondern auch die Fähigkeit zur Governance der Tugend selbst eine Tugend ist. Die Governance der Tugend ist immer auch eine Tugend der Governance.

3. Als unmittelbare Zielebene der Tugend wird in der eingangs notierten Definition die praktische Realisierung von „moralisch codierten Wertvorstellungen" einer Gesellschaft und ihrer Akteure festgehalten. Damit ist erstens die menschliche Praxis als Ausgangs- und Zielperspektive der Tugendethik festgelegt, wie das für eine anwendungsorientierte Ethik charakteristisch sein sollte. Der systematische Referenzpunkt der Governanceethik ist nicht die Begründung moralischen Handelns, sondern die Erkundung und Gestaltung der individuellen, organisationalen und institutionellen Bedingungen der erfolgreichen Realisierung der moralischen Dimension einer Transaktion (Tm). Begründungen als rationale Legitimation moralischen Handelns sind Bestandteil der Kultur (IF) einer gegebenen Gesellschaft und gehören als

solche zur Governancestruktur moralischen Handelns im Hinblick auf spezifizierte Transaktionen. Aber sie sind weder diese Governancestruktur, noch sind sie eo ipso deren wichtigster Teil. Rationale und damit legitimierende Begründungen von Moral oder Werten sind die grundlegende Voraussetzung dafür, dass wir von berechtigten moralischen Ansprüchen sprechen können. Aber wichtig für deren tatsächliche Realisierung sind sie nur in einem sehr schwachen Sinne. Zweitens wird durch die Spezifikation von moralisch codierten Wertvorstellungen eine moralische Verengung der Tugenden überhaupt vermieden, da es neben moralisch codierten Wertvorstellungen selbstverständlich auch ökonomische, rechtliche, politische, ästhetische – um nur einige zu nennen – Codierungen für Werte und soziales Handeln gibt. In gewisser Weise knüpft dies an die griechische Vorstellung der arete und der aristotelischen Unterscheidung von dianoetischen (Klugheit) und ethischen (Charakter) Tugenden an. Arete bezeichnet bekanntlich neben dem moralischen Gutsein individueller Akteure viele Eigenschaften und Fähigkeiten (Erfolg, Intelligenz, Wettbewerbsfähigkeit, Nützlichkeit) von praktischen Gegenständen (z.B. das Messer), Tieren (z.B. das Pferd), Organisationen (z.B. die oikonomia) und Institutionen (z.B. die Polis).[5] Die aristotelische Unterscheidung von ethischen und nicht-ethischen Tugenden, die nur analytisch, aber nicht in der Praxis der Menschen voneinander getrennt werden können und füreinander Voraussetzungen bilden, betont darüber hinaus die Unausweichlichkeit der Integration distinkter nicht-ethischer und ethischer Codierungsformen in den konkreten Transaktionen moralischer und sozialer Praxis. Dies unterstreicht sowohl die Sinnhaftigkeit der Annahme einer Tugend individueller und kollektiver Akteure als auch den polykontextuellen und polylingualen Wertefokus der Governanceethik.

4. Schließlich die Förderung und Stabilisierung der Bereitschaft und Fähigkeit zu gesellschaftlichen Kooperationen durch die Akteure als normative Zielebene der Tugenden in der Governanceethik. So wie für das griechische Denken das Glück oder das Gute der Referenzpunkt

---

[5] Vgl. hierzu ausführlich den Artikel „Tugenden" in Ritter et al., 1971 ff., S. 1532-1548, sowie Wieland 1989.

für die Qualifizierung von Tugenden war und für die Utilitaristen eben die Nutzenstiftung, so stellt die Governanceethik auf den Begriff und den Prozess der Kooperation ab. John Rawls' Idee, dass moderne Gesellschaften „as a fair system of cooperation"[6] zum wechselseitigen Vorteil aller Beteiligten verstanden werden sollten, ist der normative Referenzpunkt der Governanceethik. Kooperation ist nicht einfach soziale Koordination[7], sondern setzt immer schon einen moralischen Konsens über ihre Governance, ihre Regeln und Verfahren voraus und bestätigt diesen in ihrem Vollzug. In diesem Sinne ist Kooperation ein Begriff struktureller Kopplung, der die Logik verschiedener gesellschaftlicher Systeme, etwa von Ökonomie und Moral, gleichzeitig und ohne sie aufeinander zu reduzieren, repräsentieren und prozessieren kann. Dies ist der Weg, auf dem die Einheit und Integration funktional differenzierter Gesellschaften sich herstellt. Kooperation ist ein grundlegendes und universalistisches Phänomen menschlicher Existenz, das sich sowohl für moralische als auch ökonomische, politische oder rechtliche Reflexionen über die Verfassung und Integration einer Gesellschaft eignet.[8]

Es ist offensichtlich, dass die Governanceethik als Tugendethik die kantisch inspirierte Vorstellung einer gesinnungsethischen, „um ihrer selbst willen" ausgeführten Tugend als Verengung der ethischen Diskussion und als weitgehende Aufgabe der praktischen Relevanz der Ethik ablehnt. Dies muss nicht zwingend für Kant oder das kantsche Anliegen selbst gelten. Das Abstellen der kantschen Ethik auf und das Einfordern von Gesinnung, Gewissen, Haltung und Charakter sind im Rahmen der Governanceethik als individuelle Selbstbindungsregimes (IS) ausformuliert. Auch das kantsche Streben nach einer Sicherstellung der Autonomie der Ethik gegenüber den anderen Logiken der Gesellschaften kann als philosophische Reflexion funktionaler Differenzierung der Gesellschaft verstanden werden und ist in den systemtheoretischen Elementen der Governanceethik als unbedingte Autonomie des Moralsystems abgebildet. Daraus ergibt sich ein Spektrum an Fragestellungen, für deren Beantwortung weitere Forschung notwendig und auch lohnend ist. Es bleibt

---

[6] Vgl. Rawls 1993, S. 15-22.
[7] Vgl. grundlegend für diese Unterscheidung Wieland 1998.
[8] Vgl. hierzu Wieland 2005, bes. Kapitel 1 und 4.

allerdings auch und gerade für die Governanceethik der Anspruch des
Nachweises ihrer theoretischen und praktischen Fruchtbarkeit für die Be-
arbeitung der moralischen Interaktionen moderner Gesellschaften in einer
sich entwickelnden globalen Weltgesellschaft.[9]

Die in diesem Band dokumentierte Diskussion dreht sich um die
Frage, ob und wenn ja welche Bedeutung den Tugenden in der Governanceethik oder allgemein für das Feld der Wirtschafts- und Unternehmensethik zugerechnet werden sollte. Allgemein geht es um die Vertie-
fung der philosophischen und normativen Aspekte der Governanceethik,
die in der Diskussion der letzten Jahre nicht systematisch im Zentrum der
Erörterungen standen. Daraus ist ein gewisses Defizit dieser Diskussion
gegenüber der ökonomischen, organisationstheoretischen und gesell-
schaftstheoretischen Fundierung der Governanceethik entstanden, zu dessen Überwindung alle Beiträge dieses Bandes beitragen. Sie wurden erörtert auf dem 2. Konstanzer Rundgespräch „Die Renaissance der Tugenden: Die Governanceethik als Tugendethik!?", das mit freundlicher
Hilfe der Deutschen Forschungsgemeinschaft (DFG, Antrag GZ 325 763
(2) – GS 5) im Jahre 2004 in Konstanz stattgefunden hat.

Ein wenig überraschend und nicht ganz selbstverständlich ist die
große Einigkeit aller Autoren, dass der Begriff der Tugend und das damit
Gemeinte sich auf den ersten Blick zwar kaum in die Sprachspiele und
Entscheidungskalküle moderner Gesellschaften einzufügen scheint, aber
dass dies eben nur ein Schein ist. Hinter dieser trügerischen Fassade einer
gewissen Altmodischkeit liegt ein enormes Potential theoretischer
Fruchtbarkeit des Tugendbegriffs, das es auszuschöpfen gilt. In diesem
Zusammenhang ist auch die Diskussion darüber zu sehen, ob die Governanceethik ihrem selbst gesetzten Anspruch, eine starke Form der Tugendethik zu sein, wirklich nachkommt.

II. Reflexion der Governanceethik als Tugendethik

Birger P. Priddat eröffnet die Diskussion mit einer nachdenklichen Reflexion über mögliche Bedeutungen des Begriffs „Tugend" in modernen

---

[9] Ob nun, wie Sloterdijk 2005 in seiner intelligenten und reichhaltigen Analyse
argumentiert, diese Globalisierung bereits abgeschlossen ist oder in vollem Gange,
kann für unsere Problemstellung dahingestellt bleiben.

Gesellschaften, und zwar im Kontext der sich darauf beziehenden gesell-schaftstheoretischen Ansätze. Damit ist zugleich gesagt, dass heute eine bloße Übernahme aristotelischer oder kantianischer Tugendkonzepte zu kurz greift, weil aus ihnen die gesellschaftlichen und wirtschaftlichen Fakten ausgewandert sind. Der Tugendbegriff der Moderne muss erst noch erarbeitet werden. Priddats Vorschlag zur Sache lautet: Tugend als „social strings". Tugend als social strings ist für Priddat eine Art einge-rollte potentielle Moral, die oszilliert zwischen einem individuellen Tugendmoment und deren gesellschaftlicher Institutionalisierung. Damit ist das Temporäre, das Aufscheinen und Entschwinden von Moral in den Transaktionen der Gesellschaft benannt und die sich daraus ergebene An-schlussfrage: Wie kann Moral in der Erscheinungsform temporalisierter Ereignisse als relevante gesellschaftliche Kommunikationsweise stabili-siert werden? Priddats Beitrag ist in thesenhafter Form gehalten und do-kumentiert damit das Vorläufige, den work in progress, den jede Art von Tugenddiskussion in der Moderne mit sich führt. Diese Sicht der Dinge und den daraus sich ergebenden Problemaufriss teilt die Governance-ethik.

Guido Palazzo diskutiert in seinem Aufsatz „Die Rückkehr des Indi-viduums in die Governanceethik – Polylingualität als Einfallstor der Tugend" die Ansatzmöglichkeiten einer Tugendethik in der Governance-ethik und den gegenwärtigen Stand der Bemühungen, diese Möglichkei-ten auch zu verwirklichen. Für ihn sind die Polylingualität und die Poly-kontextualität der Governanceethik die theoretischen und strategischen Ansatzpunkte zur Integration tugendethischer Überlegungen. Dabei stellt er in den Mittelpunkt seiner Kritik, dass die Governanceethik die Fähig-keit zu moralischer Kommunikation im Wesentlichen in den institutio-nellen organisationalen Strukturen einer Gesellschaft sucht, nicht aber in einer individuellen, personalen Kompetenz des Handelnden. Er zeigt dann an einer empirischen Studie über das Kommunikationsverhalten von Managern mit Blick auf moralische Kritik, wie bedeutend dieser Faktor ist. Er konstatiert eine unter Managern verbreitete moralische Stummheit und ethische Inkompetenz, die zurückgeführt werden kann und muss sowohl auf die Filterwirkung ökonomischer Organisations-strukturen als auch auf die Ausbildung von Managern. Er plädiert dafür, dass die Governanceethik um einen Baustein „moral leadership" erwei-tert werden sollte, wofür er in der Diskussion überzeugende Argumente geliefert hat. Seiner Feststellung, dass die Governanceethik keine Tu-

gendethik im engeren Sinn sei, sondern vielmehr auf implizit tugend-
orientierten Voraussetzungen beruhe, ist in dem Sinne zuzustimmen, dass
eine umstandslose Deduktion moderner Tugenden, etwa aus aristotelischen und kantianischen Annahmen, nicht möglich ist. Nichtsdestotrotz
scheint es angemessen, diesen Gesichtspunkt und die notwendige Revi-
sion der mit den Tugenden verbundenen Vorstellungen unter dem Begriff
einer starken Tugendethik zusammenzufassen, die gerade wie der Begriff
„moral leadership" eine individuelle und eine institutionelle und organisatorische Komponente hat. „Moral leadership" im Management ist
immer das Management von Organisations- und Teambeziehungen.

Michael Schramm argumentiert in seinem Beitrag „Das Management
moralischer Interessen. Zur Praxisrelevanz von Tugenden in der Wirt-
schafts- und Unternehmensethik" für eine nicht zu unterschätzende Relevanz der Tugenden für die Sache der Unternehmensethik, macht aber
gleichwohl klar, dass es eines differenzierten Tugendkonzepts bedarf.
Diese Diskussion erörtert er am Fallbeispiel der Enron Corporation, die
in den vergangenen Jahren zu einem Prototyp für die Erkenntnis geworden ist, dass unmoralisches Handeln und eine moralisch nicht sensible
Unternehmenskultur zu prohibitiven ökonomischen Konsequenzen führen können. Schramm unterscheidet zwischen dem materiellen Aspekt
einer Tugend, der sich daraus ergibt, dass sie ein „Gutes" realisieren will,
das dann je nach gesellschaftlicher Verfassung definiert wird. Davon
unterschieden ist der formale Aspekt der Tugenden, der deren Funktion
als eine Tendenz der Selbsterzwingung des Guten der Moral markiert.
Vollständig richtig argumentiert er dann dafür, dass alle vier Argumente
der Governancefunktion mögliche Orte von Tugenden oder Untugenden
sind oder mit anderen Worten: dass Governance selbst eine Tugend ist.
Wenngleich die Ansicht Schramms richtig ist, dass in modernen Gesellschaften kein allgemein gültiges Ranking von Tugenden existiert, so
glaube ich doch, dass das Grundproblem jeder Gesellschaft, nämlich die
Ermöglichung, Durchführung und Stabilisierung sozialer Kooperation,
dasjenige „Gute" ist, auf dem eine moderne Gesellschaft beruht und das
für alle Mitglieder dieser Gesellschaft zustimmungsfähig ist.

Markus C. Becker untersucht in seinem Beitrag „What is the role of
virtues for governing knowledge?" die Fragestellung, ob Tugenden aus
einer Managementperspektive überhaupt eine wirksame Rolle in der
Wirtschaft zugerechnet werden kann. Er untersucht dies sehr detailliert
und kenntnisreich am Beispiel der Knowledge Governance und zeigt,

dass deren Kernbestandteil, nämlich das Knowledge Sharing durch einen Prozess personaler Kooperation, ohne eine intrinsische Motivation und ohne eine Orientierung an Werten und Tugenden nicht vorstellbar ist. Dieses werterationale Verhalten, und hier nutzt Becker einen Begriff Max Webers, ist ein eingebetteter Bestandteil erfolgsorientierten Wissensmanagements. Gleichwohl bedürfen diese individuellen und motivationalen Voraussetzungen des Knowledge Sharings dann einer umfassenden Knowledge Governance, mit der der Begriff des Wissensmanagements auf seine reduzierte Funktion und Bedeutung verwiesen wird.

Christian Lautermann und Reinhard Pfriem plädieren in ihrem Beitrag „Es darf gewollt werden. Plädoyer für eine Renaissance der Tugendethik" aus einer kulturwissenschaftlichen Sicht für eine Reintegration von Tugendkonzepten in die Betriebswirtschaftslehre. Am Beispiel des Naturkostmanagements definieren sie Tugendhaftigkeit als eine Ernsthaftigkeit, mit der individuelle und kollektive Akteure darum ringen, den an sie herangetragenen Herausforderungen gerecht zu werden. Sie wenden sich ab von einer Pflichtenethik und typologisieren statt dessen Tugenden unter dem Gesichtspunkt der Anpassung, des Engagements und des Innovationsgeistes sozialer Akteure. Ihrer Bemerkung, dass der Begriff der moralischen Güter in der Tugendethik vor dem Missverständnis zu schützen sei, als ob es auch nicht-moralische Güter gebe, ist in dem Sinne zuzustimmen, dass es natürlich möglich ist, alle ökonomischen Güter moralisch aufzuladen und damit zu moralischen Gütern zu machen. Das schließt jedoch nicht aus, dass in einer Analyse einer spezifischen Transaktion Tm genau dieses m zu definieren und zu beschreiben ist. Dies schließt auch die Möglichkeit ein, dass es in lokalen spezifischen Situationen ökonomische Güter gibt, die über keinerlei moralische Dimension verfügen.

In meinem eigenen Beitrag zum interkulturellen Management „Tugenden in der chinesischen Kultur. Die Governance interkulturellen Managements" versuche ich mir Klarheit darüber zu verschaffen, welchen Einfluss die Globalisierung der Wirtschaft auf den Begriff der Tugend und ein Tugendkonzept hat, das robust genug ist, die Diversifität der in der Welt befindlichen Tugendvorstellungen zu verarbeiten und gleichzeitig gemeinsames moralisches Lernen in und mittels wirtschaftlicher Kooperationen zu fördern. Es ist ja nicht nur so, dass alle Kulturen, die wir kennen, über ein Tugendkonzept und Vorstellungen über Tugenden verfügen, sondern es ist vor allen Dingen auch so, dass diese Vorstellungen sehr stark voneinander abweichen. Dieser Gesichtspunkt wird am Beispiel deutsch-chinesischer Joint Ventures erörtert und reflektiert vor der Folie der einschlägigen Theorien des interkulturellen Managements. Eine eigene empirische Untersuchung in China zeigt den radikalen und rapiden Wandel chinesischer Tugendvorstellungen in den letzten 25 Jahren, der einen direkten Einfluss auf das Gelingen von Geschäftsbeziehungen in China hat. Es wird deutlich, dass unter diesen Bedingungen allein auf eine individualistische Tugendethik zu setzen ein Akt der Überforderung von Akteuren ist. Vielmehr und im Einklang mit der Governanceethik, und vor allen Dingen mit dem Beitrag von Schramm in diesem Band, bedarf es des Einsatzes und der Gestaltung aller vier Argumente der Governancestruktur, damit ein interkulturelles Management erfolgreich zu seinen angestrebten Zielen findet. Governance, so die erste Schlussfolgerung, ist nicht nur eine Kunst, sondern ist selbst eine Tugend. Tugend, so die zweite Schlussfolgerung, ist nur in ihrer „starken Form" der Globalisierung wirtschaftlichen Handelns gewachsen.

III. Governanceethik und Diskursethik – Reflexion und Kritik

Matthias Kettners Aufsatz „Governing Virtue and Vice. Diskursethische Bemerkungen zu Governanceethik" zielt auf die Bestimmung von Gemeinsamkeiten und Divergenzen zwischen einer von ihm als postklassisch bezeichneten Diskursethik und der Governanceethik. Wenn ich es richtig verstanden habe, bestehen die Gemeinsamkeiten vor allem in der Sorge um die Anwendungsrelevanz ethischer Theorien. Es geht um die Lücke zwischen einem hohen Standard rationaler ethischer Begründungen in der Philosophie und dessen vergleichsweise geringem Einfluss auf die Gestaltung moralischer Praxis. Während die Governanceethik diese Lücke eher durch eine genaue Erkundung des Anwendungskontextes mit den Mitteln der Sozial- und Gesellschaftswissenschaften geschlossen hat, setzt die postklassische Diskursethik zu dem gleichen Zweck auf eine philosophische Verfeinerung der normativen Analyse. Letztlich geht es Kettner mit diesem Vorgehen darum, die generelle und situationale Vorzugswürdigkeit der Moral vor der Ökonomie sicherzustellen. Darauf basiert, so mein Eindruck, auch die Hauptkritik an der Governanceethik, nämlich deren normative Defizienz, die berechtigt war und wohl auch noch ist, auch wenn sie bis heute eher einem Reihenfolgeproblem als inhaltlichen Schwierigkeiten geschuldet war. Aber dies kann sich natürlich noch ändern. Mit den beiden Untersuchungen „Die Ethik der Governance" und „Normativität und Governance" ist jedenfalls eine Weiterentwicklung eingetreten, die sich wie folgt zusammenfassen lässt.

Abb. 1: Ethik der Governance

Ethiktyp	Ziel	Struktur
Deskriptive Ethik	• Strukturierung moralökonomischer Transaktionen	
	• Identifikation und Integration der Handlungsoptionen	Governance-matrix
	• Erweiterung der moralischen Handlungsoptionen	
Normative Ethik • Begründungsakt • Handlungsempfehlung	• Legitimation • Realisierung des Besseren	Governance-struktur

Im Hinblick auf ihre empirisch-analytische Orientierung ist die Governanceethik eine deskriptive Ethik. Dieser deskriptive Teil wird organisiert und zusammengehalten über die Governancematrix (Koeffizientenmatrix), die im Kern darauf abzielt, die Optionen moralischen Handelns möglichst vollständig zu erfassen und den Kreis möglicher Handlungsalternativen durch Bewertung zu erweitern, damit es überhaupt zu moralischem Handeln kommt. Ich teile Richard Rortys Auffassung: „It is the ability to come up with new ideas, rather than the ability to get in touch with unchanging essences, that is the engine of moral progress."[10] Im Hinblick auf ihre Gestaltungsempfehlungen (Realisierung des Besseren) und die Inklusion der legitimierenden, Normativität erzeugenden gesellschaftlichen (philosophisch, rechtlich etc.) Begründungen in die Governancestruktur (IF) für Transaktionen mit einer moralischen Dimension ist sie eine normative Ethik. Diese Simultanität von Deskription und Normativität ist vom Standpunkt einer anwendungsorientierten Ethik, wie es

---

[10] Rorty 2005, S. 4.

die Governanceethik ist, nichts Erstaunliches, sondern der Normalfall. Wie sonst könnte sie als ein individueller und kollektiver Lernprozess verstanden werden? Erst dann, wenn man Moral nicht als gesellschaftliches Projekt versteht, sondern wesentlich als Konsequenz der Leistungskraft rationaler Theoriekonstruktionen, entstehen Unsicherheiten der Abgrenzung. Dafür liefert der Text von Matthias Kettner ein weiteres anschauliches Beispiel.

Dies gilt auch für einen seiner wesentlichsten Kritikpunkte, der sich aus der Annahme der Governanceethik ergibt, dass zwischen den Entscheidungswerten in einer lokalen Transaktion „Gleich-Gültigkeit" herrscht. Ohne eine rational begründete normative Vorzugswürdigkeit der moralischen Werte, so Kettner, bestehe die Gefahr, dass am Ende des Tages ökonomische Werte aus Gründen der Folgenabwägung moralische Werte, und hier vor allem Menschenrechte, verdrängen würden. Ich kann an dieser Stelle nur kurz auf Folgendes hinweisen. Erstens: Der systematische Referenzpunkt der Governanceethik ist die Realisierung der moralischen Dimension einer Transaktion (Tm). Es geht also schon theorieimmanent nicht um die Verdrängung von moralischen Ansprüchen, sondern um deren Realisierung. Zweitens: Gleich-Gültigkeit heißt, dass alle an der Lösung einer lokalen Situation Tm beteiligten Wertetypen (moralische, ökonomische, rechtliche etc.) gleichberechtigt im Kontext dieser Transaktion sind und dass die Ansprüche, die sie repräsentieren, berücksichtigt werden müssen. Hier geht es um ein Abwägen und das Auffinden von praktikablen Lösungen, die der Realisierung aller beteiligten Wertetypen dienen.[11] Einzelne Wertetypen kommen an die Grenzen ihrer Berücksichtigungsfähigkeit, wenn ihre Konsequenzen prohibitiv sind, also selbstverletzend. Zur Strukturierung und Auflösung derart beschaffener lokaler Situationen mit konfligierenden Wertetypen bedarf es erstens eines Wertemanagementsystems[12], zweitens der moralischen Sensibilität des Managements einer Organisation[13] inklusive drittens deren Fähigkeit zu „moral imagination".[14] Erneut stimme ich Richard Rorty zu, wenn er sagt: „Instead of discussing definitions of the virtues or candi-

---

[11] John Elster hat solche Situationen analysiert und mögliche Entscheidungsmechanismen zur Herstellung von „local justice" diskutiert; vgl. Elster 1992.

[12] Vgl. Wieland 2004b.

[13] Vgl. den Beitrag von Palazzo in diesem Band.

[14] Vgl. Werhane 1999.

dates for the role of a universally valid principle, business ethics might do better to think of themselves as social engineers working on site-specific projects."[15] Drittens: Menschenrechte sind nicht einfach Werte, sondern eben kodifizierte Rechte (FI) und demokratische Werte (IF), die zum moralischen Konsens westlicher Gesellschaften gehören und zumindest teilweise einklagbar sind. Über die Governancemechanismen IF und FI (Nationalkultur und Rechte) sind Menschenrechte daher integraler Bestandteil jeder Governancestruktur für eine bestimmte wirtschaftliche Tm. Damit ist, auch vor dem Hintergrund des bisher Gesagten, offensichtlich, dass die Beschaffenheit einer solchen Transaktion Tm weder im Ergebnis noch im Prozess den normativen Vorgaben aus IF und FI widersprechen darf. Viertens: Das Problem mit den Menschenrechten in wirtschaftlichen Kooperationsbeziehungen ist heute nicht deren prinzipielle Anerkennung. Diese Diskussion ist, zumindest in den demokratischen Ländern der Welt, erfolgreich abgeschlossen. Die Fragen, die sich heute in internationalen Kooperationsbeziehungen stellen, beziehen sich darauf, was im Einzelfall darunter zu verstehen ist, wie das am besten erreicht werden kann und wer für die Realisierung verantwortlich ist.[16] Die Feststellung einer rational begründeten Vorzugswürdigkeit der Menschenrechte beantwortet keine einzige dieser Fragen und hilft auch nicht dabei, weil sie auf einer anderen Ebene operiert. Gerade darin liegt das praktische Elend der Diskursethik begründet, das allerdings geschichtlich nicht neu ist. Schopenhauer beschäftigt sich in seiner Preisschrift über die „Grundlage der Moral" mit dieser Themendifferenz und kommt zu dem Ergebnis: „Denn obwohl Grundsätze und abstrakte Erkenntniß überhaupt keineswegs die Urquelle, oder erste Grundlage der Moralität sind; so sind sie doch zu einem moralischen Lebenswandel unentbehrlich, als das Behältniß, das Réservoir, in welchem die aus der Quelle aller Moralität, als welche nicht in jedem Augenblicke fließt, entsprungene Gesinnung aufbewahrt wird, um, wenn der Fall der Anwendung kommt, durch Ableitungskanäle dahin zu fließen."[17]

Es ist gerade die Governanceethik, die für den „Fall der Anwendung" die Mechanismen bereitstellt, die Fortschritte auf dem Gebiet der

---

[15] Rorty 2005, S. 9.

[16] Vgl. aufschlussreich Leisinger 2005.

[17] Schopenhauer 1927, S. 284.

Menschenrechte praktisch zu organisieren und damit deren Status als essentiellen Bestandteil demokratischer Kulturen zu festigen.

Es war gerade diese kritische Auseinandersetzung mit der Diskursethik, die die Teilnehmer der Tagung dazu bewogen hat, ihre nächste Zusammenkunft ganz dem Thema „Governanceethik und Diskursethik" zu widmen. Die Ergebnisse dieser Diskussion werden im Folgeband der „Studien zur Governanceethik" veröffentlicht werden.

Literatur

Elster, J. (1992): Local Justice: How Institutions Allocate Scarce Goods and Necessary Burdens. New York/Newbury Park: Sage.

Leisinger, K.M. (2005): The Corporate Social Responsibility of the Pharmaceutical Industry. Business Ethics Quarterly, Vol. 15 (4): 577-594.

Rawls, J. (1993): Political Liberalism. New York: Columbia University Press.

Ritter, J./Gründer, K./Gabriel, G. (1971 ff.): Historisches Wörterbuch der Philosophie. 12 Bände. Basel: Schwabe & Co.

Rorty, R. (2005): „Is philosophy relevant to applied ethics?" Rede vor der Society for Business Ethics Annual Conference, Honululu (unveröffentlichtes Manuskript; erscheint 2006 in Business Ethics Quarterly).

Schopenhauer, A. (1927): Die beiden Grundprobleme der Ethik. Leipzig: Zenith-Verlag Erich Stolpe.

Sloterdijk, P. (2005): Im Weltinnenraum des Kapitals. Frankfurt a.M.: Suhrkamp.

Werhane, P.H. (1999): Moral Imagination and Management Decision-Making. New York: OUP.

Wieland, J. (1989): Die Entdeckung der Ökonomie. Kategorien, Gegenstandsbereiche und Rationalitätstypen der Ökonomie an ihrem Ursprung. Bern/Stuttgart: Haupt.

Wieland, J. (1997): Die langen Wellen institutionellen Wandels. Ökonomische Theorie und Theorie der Gesellschaft. In: Held, M. (Hrsg.): Norms matter. Frankfurt a.M.: Campus.

Wieland, J. (1998): Kooperationsökonomie. Die Ökonomie der Diversifität, Abhängigkeit und Atmosphäre. In: Wegner, G./Wieland, J. (Hrsg.): Formelle und informelle Institutionen der Ökonomie. Genese und Evolution. Marburg: Metropolis.

Wieland, J. (2000): Globale Wirtschaftsethik. Steuerung, Legitimation und Kooperation. In: Kettner, M. (Hrsg.): Provokationen der Demokratietheorie. Frankfurt a.M.: Suhrkamp.

Wieland, J. (2001): Eine Theorie der Governanceethik. zfwu, Jg. 2, Heft 1, S. 8-33.

Wieland, J. (2004a): Die Governanceethik im Diskurs. Marburg: Metropolis.

Wieland, J. (2004b): Wozu Wertemanagement? Ein Leitfaden für die Praxis. In: Wieland, J. (Hrsg.): Handbuch Wertemanagement. Hamburg: Murmann.

Wieland, J. (2005): Die Normativität der Governance. Marburg: Metropolis.

Tugend als *social strings*

Birger P. Priddat

1. **Routinen, Institutionen.** Die Gesellschaft besteht weniger aus individuellen Handlungen als vielmehr aus Routinen, Konventionen und – Moral.

2. Routinen, Konventionen sind Regelbindungen: institutionalisiertes Handeln.

3. Individuelles Handeln, in der Sozialwissenschaft als *rational choice* modelliert, wäre ein Regelverstoß bzw. brächte Konflikte, die im Einzelfall unerhebliche Übertretungen der Regel bedeuten, im Fall zunehmender Häufigkeit die Erosion der Institution anzeigen können.

4. Moral tritt als Diskurs auf: als Kommunikation eines Regelwunsches, der oft apodiktisch oder assertorisch geäußert wird, vor allem deshalb, weil ihm die institutionale Qualität noch fehlt oder nur undeutlich vorschwebt. Moral ist ein Diskurs über die Geltung von Regeln, insbesondere angesichts abweichender individueller Verhalten, die noch kein neues (institutionales) Muster bilden.

5. Moral als Diskurs kann auch wieder in sich zusammenfallen (und bestätigt dann nur die vorherrschende Regel, wie die Anforderung nach Moral).

6. Moral ist als Diskurs gewöhnlich folgenlos, außer es gelingt ihr, Impuls zu werden für eine neue Regel = neue Institution (gleich ob implizit oder explizit, informell oder formell).

7. Meistens aber ist Moral eine Kommunikation von informellen und/
   oder impliziten Institutionen, die gewöhnlich hoch-konventionell
   operieren, aber im Falle von Störungen diskutiert werden müssen.
   Jeder Wegfall von Konvention, Routine etc. erfordert Entscheidungen: entweder eine Serie individueller Entscheidungen oder ein *re-
   framing*: eine Rekonstitution von Institution.

8. **Tugenden.** In Reflektion dessen, was Tugend im abendländischen
   Kontext in den verschiedenen Zeiten verschieden bedeutet und warum der Topos heute wieder reaktiviert wird, fällt auf, dass er sich
   von ‚Moral' und ‚Ethik' wesentlich darin unterscheidet, dass er eine
   stabilisierte Form oder Haltung von oder zu Moral auszeichnet.

9. Wer Tugend hat, zeichnet sich aus vor Menschen, die nur ‚Moral'
   haben oder ‚ethisch sind'. Tugend ist vorerst eine habitualisierte
   Form von Moralität.

10. Allerdings fällt sogleich auch auf, dass Tugend keine Aussage über
    sich selbst ist, sondern zugeschrieben wird von anderen. Zu sagen
    ‚ich bin tugendhaft' ist eher eitel; andere müssen es über einen
    sagen. Wenn Tugend aber ein soziales Prädikat ist, ist der Umstand,
    dass jemand als tugendhaft ausgezeichnet wird, von Beobachtungen
    abhängig oder von fortlaufender Kommunikation.

11. **Person.** Luhmanns Analyse der Moral als Kommunikation über
    Achtung/Missachtung weist auf diese Individuum/Person-Ambigui-
    tät.[1]

12. Individualität wird über ein Selbst konstituiert, Person über soziale
    Attribution. Individuell kann man auch ohne diese Attribution sein.
    Achtung aber erfährt man nicht über das Selbst (das die Achtung
    anderer erst in ein Selbst-Bewusstsein übersetzen müsste), sondern
    über Kommunikationen der Gesellschaft, in der man lebt. Die Ge-
    sellschaft hat gewöhnlich kein Interesse am Selbst (das ja einem

---

[1] Vgl. Luhmann 1989.

selbst gehört), sondern an der Person, das heißt an der sozialen Form der Individuen, nicht an ihrer individuellen.

13. ‚Person‘ ist bereits eine institutionale Form von Individualität, aber sozial codiert. Soziale Kompetenz – in welcher Ausprägung auch immer – ist eine Eigenschaft von Personen, nicht von Individuen.

14. ‚Tugend‘ ist eine spezifische Institution im Person-Feld.

15. **Tugend** = individuelle Muster für Regeln, Institutionen. Individuell kondensierte Regelhaftigkeit, als Modell für andere, auch in Absence von Institutionen.

16. Tugend ist ein Selektor. Wer Tugenden hat, fällt auf, ist eine öffentliche Person. Die ubiquitäre Zurechnung von Tugenden: jeder solle tugendhaft sein, ist eine moralische Theorie der Tugenden, die mit der Kompetenztheorie nicht übereinstimmt. Tugend asymmetrisiert die Gesellschaft. Der Anspruch von Moral, jeden gleich zu behandeln, wird von der Tugend unterbrochen, die zeigt, dass nicht alle gleichmäßig sozial kompetent sind.

17. Tugend ist eine Minimalform der Moral, die gegebenenfalls nur von einem Einzigen praktiziert wird, als Modell für allgemeine Moral. Man kann Tugend auch als Grenzfall von moralischer Allgemeinheit bezeichnen (mit n = 1).

18. Tugenden sind erst einmal öffentliche Zuschreibungen von moralischen und/oder charakterlichen Stärken bei Personen. Gewöhnlich fallen diese Eigenschaften nicht auf; aber wenn Regeln/Institutionen erodieren, werden nicht nur moralische Diskurse geführt, sondern einzelne Akteure treten tugendhaft in Erscheinung. Tugenden werden dann an einzelnen Personen sichtbar *(Personen sind die Medien von Tugenden),* indem sie Moral konkret machen: modellhaft und unternehmerisch.

19. Tugenden arbeiten als Vertrauen erheischende Eigenschaften/Charaktere, die Modelle zeigen für mögliches moralisches Verhalten

(aber bereits eigenschaftsdifferenziert: der diese, jener jene Eigenschaft – also gegen den moralischen Überschuss, der den moralischen Diskursen in ihrer üblichen Abstraktheit anhaftet).

20. Tugenden bilden Anker in den moralischen Diskursen, als Kristallisationskeime für die Generierung möglicher Regeln/Institutionen.

21. Tugenden haben katalytische Bedeutung. Wenn die Gesellschaft sich als wohlgeordnet kommuniziert, das heißt wenn alle Handlungen konventionalisiert und institutionell geregelt sind, braucht es keine Tugenden. Tugenden werden dann eingerollt und lagern als dimensionale Potenz im subkutanen Bereich der Gesellschaft.

22. Deswegen ist es unangemessen, Gesellschaften nach dem Egoismus/Altruismus-Schema zu unterscheiden, weil diese Dimensionalisierung eine zu flache soziale Landschaft zeichnet: Der soziale Raum, um eine solche Metapher einzuführen, hat viele eingerollte Dimensionen, die sich nicht gleich als Institutionen ausfalten, sondern erst einmal als Tugenden, das heißt als personalisierte Moral, die sich keimhaft als Anfang möglicher neuer Institutionalisierungen erweisen kann. Wenn alle Tugenden eingerollt sind, erscheint die Gesellschaft als ‚moralisch flach', als werteentleert etc. Aber man vergisst die Tugendmembranen, die vorhanden sind, nur eingerollt: *strings of virtue.*

23. Moralische Diskurse bleiben folgenlos, bis sich Personen finden, die tugendhaft eine moralische Dimension ausrollen, die deshalb wirksam werden kann, weil sie mit Engagement und Überzeugung unternehmerisch vertreten wird. Moral hat über tugendhafte Personen nicht nur Propositionen, sondern auch Protagonisten. Tugend ist Moral + Protagonist (der Protagonist ist der, der die Moral als erster auf sich selber anwendet).

24. Tugend ist personalisierte Moral, aber nicht, wie im moralischen Diskurs häufig, als Anspruch oder Forderung an andere, sondern als vitale Performanz, als gelebter Anspruch an sich selber, allerdings von anderen beobachtet und benannt. In diesem Sinne ist Tugend immer der Nachweis des menschlichen Maßes von Moral (was Mo-

ral als Diskurs nicht immer beachtet, wenn sie heroische Forderungen entwickelt: ‚man müsse ..., solle ...').

25. Deshalb hat Tugend das, was Gumbrecht einer Elite zuschreibt: „... der Bereitschaft, mehr zu investieren – in jeder Hinsicht – als vorschriftsgemäß gefordert wird. Zu einer Elite gehören heißt, dass man die Gelegenheit, mehr leisten zu können, als das eigenste Privileg ansieht, statt auf Privilegien als Belohnung für mehr Geleistetes zu pochen".[2]

26. Wer tugendhaft ist, ist es nicht umfassend, sondern partiell. Tugend ist Kompetenz: nun allerdings nicht nur, wie es im Deutschen leicht missverstanden wird, im Fachlichen, sondern, wie es im Deutschen oft gar nicht verstanden wird, im Sozialen. Kompetenz ist aber noch nicht entscheidend. Erst die Entscheidungen, die man fällt (bzw. nicht fällt), zeigen, ob man die Kompetenz hat, die einem zugeschrieben wird. Tugend ist ein Führungsindikator: Er weist auf beobachtenswerte Momente einer möglichen *leadership*. Aber: „Erfolgreiche Führung hat mehr mit Anregen als mit Ermächtigen zu tun, mehr mit Verbinden als mit Kontrollieren, mehr mit dem Aufzeigen von Möglichkeiten als mit Entscheiden".[3]

27. Tugend ist, gegenüber der abstrakten Ubiquität von Moral, eine fragmentierte Version, die auf spezifische Eigenschaften Rücksicht nimmt, so dass in spezifischen Situationen jeweils andere Menschen in ihren Tugenden zur Geltung kommen können. Denn Tugenden sind so verschieden wie die Menschen und divers verteilt. Tugend, sei erinnert, asymmetrisiert.

28. Tugend als eingerollte potentielle Moral wird über das Muster gelebter personaler Moralität Modell für Institutionengenese. Man folgt dem, der Tugend zeigt, direkt oder indirekt, was darin gelingen kann, Regeln zu bilden. Insofern sind die Tugendhaften Eliten.

---

[2] Vgl. Gumbrecht 2005.
[3] Mintzberg 2005, S. 172.

29. Das Befolgen einer Regel ist erst einmal nichts anderes als das Nach-Be-Folgen einer tugendhaften Person. Das Folgen ist nicht autoritär zu verstehen, sondern als angesichtig zu werden eines möglichen Verhaltens, das ohne das Beispiel nicht geglaubt oder nicht für möglich erachtet wird.

30. Das Beispiel gibt Beispiel, nämlich neben der Reflexion den Mut, es nachzumachen.

31. Indem man dem Beispiel folgt, entscheidet man sich zwar, auch diese Tugend zu zeigen, aber nicht autonom, sondern in Kopie eines modellhaften Handelns.

32. Indem man dann diese Tugend kopiert, folgt man ihr regelartig. Dann beginnt aber bereits die Institutionalisierung des Regelverhaltens, die sich ausweitet, je mehr Personen sich ähnlich verhalten. Wenn es dann viele tun, ist die Institution etabliert.

33. **Paradoxie**: Tugenden erlauben, Institutionen auch allein zu generieren. Institutionen, die ja das Verhalten vieler regeln, funktionieren, wenn die vielen alle Tugend als Modell haben. Die Tugend übersetzt die Anreizstruktur der Institutionen in Intrinsik.

34. Da es dann viele tun, gilt das Verhalten nicht mehr als tugendhaft, sondern als gewöhnlich. Die Regel konventionalisiert und rutscht ins kollektive Unbewusste der dann auch nicht mehr wahrgenommenen Teilnahme an einer Regelbindungsgemeinschaft. Tugend ist nicht nur eine öffentliche Zuschreibung, sondern hat auch besondere Aufmerksamkeit, da sie sich vom gewöhnlichen Verhalten unterscheidet.

35. Tugend ist ein asymmetrisches Phänomen: eine moralische Personalisierung, die gegen den Anspruch der Moral, sie möge für alle oder viele gelten, ansteht. Deshalb operiert Tugend als Mahnung und als Impulsgenerator, der verschwindet, sobald sein Modell wirksam wird im Rahmen einer erfolgreichen Institutionengenese.

36. Je mehr Menschen selber das Tugendmodell kopieren, desto gewöhnlicher wird ihr Verhalten, das sich zu einer Regelbefolgung auswächst. Die Tugendmembran rollt sich wieder ein; sie hat ihre – katalytische – Funktion erfüllt. Die moralische Anstrengung, die sich in der Tugendhaltung einer oder mehrerer Personen zeigte, verschwindet in der moralischen Konvention, die wir eine Regel, Norm oder Institution nennen mögen (je nachdem, welcher Wissenschaft wir entspringen).

37. Der Name ist nicht zufällig gewählt: *strings* sind die Saiten, deren diverse Frequenzen die jeweiligen Zustände des subatomaren Teilchenzoos der modernen Physik anzeigen (in der kosmologischen *string-theory*). Eben dafür taugt der Begriff in der Institutionentheorie. ‚Tugend‘ ist ein Phasenzustand des *institutional string*, der ausgerollt werden kann zu einer vollständigen Institution, aber auch im individuellen Tugendmoment verharren und ausblenden kann. Dazwischen sind viele hybride Formen möglich.

38. Das ist empirisch bedeutsam: weder klare und eindeutige Tugendhaltung noch voll ausgeprägte Institutionen bestimmen den Alltag, sondern unklare Normen, diffuse Moralen (mit hoher Anspruchsdichte), ambivalente Regeln (oder Regelmannigfaltigkeiten). Nicht die Identifikation von Eindeutigkeiten ist praktisch von Belang, sondern die Beobachtung von Entwicklungstendenzen und Phasenübergängen.

39. Tugend ist zum einen dann eine Performanz von moralischer Attitüde, zum anderen aber erst dann ausgeprägt, wenn der Tugendhafte Modell für Verhaltenskopien wird, das heißt eine unternehmerische Funktion der Moralisierung oder Institutionalisierung einnimmt. Der Weg der Institutionalisierung läuft über Regelbindung, der Weg der Moralisierung über Anspruchskommunikation und Überzeugungen.

40. In gelungener Institutionalisierung kann die Tugend auf ihre katalytische Zwischenoperation zurückgenommen werden; im Moralisierungskontext muss sie ständig weiter praktiziert werden, um die Überzeugungsarbeit zu leisten, ohne die Moral kein Handeln be-

einflusst. Darin gerät die Tugend in Gefahr, zu dogmatisieren. Die gelungene Institutionalisierung hingegen braucht die Energetik des Tugendlichen nur phasenweise, bis zum Übergang ihrer Stabilisation als Institution.

Literatur

Gumbrecht, H.U. (2005): Wie bilden sich Eliten? Deutschlandradio Kultur (http://www.dradio.de/dkultur/sendungen/signale/375999/).

Kuhlmann, A. (1988): Tugend ohne Glück? Kants Ethik im Kreuzfeuer aristotelischer Angriffe, FAZ 18.8.1988.

Luhmann, N. (1989): Ethik als Reflexionstheorie der Moral, in: derselbe, Gesellschaftsstruktur und Semantik, Band 3, Frankfurt a.M.: Suhrkamp. S. 358-448.

Mintzberg, H. (2005): Manager statt MBAs. Eine kritische Analyse, Frankfurt/New York: Campus.

O'Neill, O. (1996): Tugend und Gerechtigkeit, Berlin: Akademie Verlag.

Wieland, J. (2006): Tugenden in der chinesischen Kultur (in diesem Band).

Die Rückkehr des Individuums in die Governanceethik – Polylingualität als Einfallstor der Tugend

Guido Palazzo

Organisationale Polylingualität

Wieland hat in seiner Governanceethik sehr deutlich herausgearbeitet, dass der ökonomische Erfolg eines Unternehmens davon abhängt, jenseits rigider marktökonomischer Codierung kommunizieren zu können. Unternehmen sind nach seiner Auffassung konstitutiv polylingual. „Dass Unternehmen nicht nur auf Preissignale reagieren, sondern Ereignisse in einer Reihe von Sprachspielen – technische, juristische, moralische und so weiter – verarbeiten und entscheiden können und auch können müssen, ist unter dem Gesichtspunkt von Anpassungseffizienz ein Vorteil und eine ökonomisierbare Ressource."[1] Moralische Kommunikation stabilisiert die ökonomischen Handlungen und trägt damit einen großen Teil der Verantwortung für ökonomischen Erfolg oder Misserfolg.[2] Moral hat ökonomische Konsequenzen[3], ohne auf den ökonomischen Code reduziert werden zu können oder in diesen übersetzt werden zu müssen. Wieland spricht in diesem Zusammenhang auch vom „moralökonomischen Paradoxon".[4] Grundsätzlich muss man unterstellen, dass Organisationen nicht nur offen sind für die vielfältigen Kommunikationskompetenzen ihrer individuellen Mitglieder, sondern in ihrer Lebens-

---

[1] Wieland 1997, S. 10.
[2] Ebd., S. 1.
[3] Wieland 1994, S. 218.
[4] Wieland 1999, S. 80.

fähigkeit von genau dieser Offenheit abhängen. Unternehmen sind „...
konstitutiv auf die Fähigkeit angewiesen, polylinguale Diskurse zu
generieren und zu stabilisieren."[5]

Der Blick der Governanceethik richtet sich bisher in erster Linie auf
die institutionellen Arrangements innerhalb der Organisation, die es den
Individuen ermöglichen, ihre Kompetenzen in den unterschiedlichen
Sprachspielen einzubringen. Dies zeigt sich sehr schön in den Konse-
quenzen, die sich innerhalb der Theorie aus der Unvollständigkeit von
Verträgen ergeben. Unvollständige Verträge laden zu opportunistischem
Verhalten ein. Überall, wo explizite Verträge an ihre Grenzen stoßen,
dämmen implizite Verträge dieses opportunistische Verhalten ein. „In
jeder formalen vertraglichen Beziehung eines Unternehmens läuft ein
‚impliziter' ... Vertrag mit, der aus wechselseitigen Versprechungen und
Erwartungen besteht, die verbindlich sind, obwohl sie nicht expliziter
Bestandteil des formalen Vertrages sind."[6] Das theoretische Interesse
Wielands richtet sich auf die Frage nach der Unterdrückung opportunisti-
schen Verhaltens und der Nutzbarmachung individueller moralischer
Ressourcen für die Unternehmung durch entsprechende institutionelle
Arrangements: „Wer ... Tugendethik will, muss für die entsprechenden
Governancestrukturen sorgen."[7] Die Unvollständigkeit von expliziten
Verträgen erhöht allerdings nicht nur die Anforderungen an das Design
der Organisation, sondern darüber hinaus – und vielleicht sogar in erster
Linie – die Anforderungen an die Sozialkompetenz der Individuen
selbst.[8] Wieland betont: „Die Handlungen von Mitgliedern einer Organisation lassen sich demnach nicht allein durch Direktion und Kontrolle,
durch Anreize und Sanktionen, sondern grundlegend durch Werte – Einstellungen, Haltungen, Überzeugungen – steuern."[9] Diese Sozialkompe-
tenzen und Werte, die sich zum Beispiel in der Beherrschung des moralischen Sprachspiels manifestieren, werden dabei allerdings als weitgehend vorhanden vorausgesetzt und nicht vertiefend thematisiert. Wieland räumt ein, dass in seinen bisherigen Reflexionen die individuellen
Personen als moralischer Akteure „... kaum im Mittelpunkt des Interesses

---

[5] Wieland 2005b, S. 107.
[6] Wieland 1993, S. 13.
[7] Wieland 2005a, S. 111.
[8] Vgl. Priddat 2004, S. 147 f.
[9] Wieland 2002, S. 4.

standen, obgleich doch die Selbstbindungsregimes ... dieser Akteure ein notwendiges Argument einer vollständigen und notwendigen Governancefunktion sind."[10]

Damit steht Wieland in einer guten Tradition unternehmensethischer Theoriebildung, die individuelle moralische Kompetenzen schlicht voraussetzt. So behaupten beispielsweise Donaldson und Dunfee über individuelle Akteure, dass sie „(…) at least bring with them the underlying senses of right and wrong (…), a settled understanding of deep moral values. The assumption is that many are driven by an innate moral sense which will lead them to seek and to recognize elements of a fondational morality; i.e. most humans are ‚hardwired' to be ethical."[11] Zwar gibt es zumindest in den USA gelegentlich den Versuch, Unternehmensethik über die Eigenschaften von Individuen zu deuten[12], insgesamt aber überwiegt die institutionelle Theoriebildung. Individuen sind als Ausgangspunkt von Theoriebildung nicht mehr gefragt, weil moralische Probleme in modernen Gesellschaften „systematisch kollektiver Natur sind" und daher „nicht vom einzelnen, sondern nur kollektiv gelöst werden."[13] Das Dilemma, in das sich eine solche Position begibt, ist jedoch, dass funktionierende Institutionen notwendigerweise auf den Input der einzelnen Akteure angewiesen bleiben.

Die entgegenkommende Lebenswelt als blinder Fleck der Theoriebildung

Die Schaffung der *Möglichkeit,* moralisch zu handeln, bildet den Ausgangspunkt der Governanceethik von Wieland. Damit ist allerdings erst eine Dimension moralischen Verhaltens erfasst. Zwei weitere Dimensionen ergeben sich erst aus der näheren Beschäftigung mit den Individuen, die innerhalb der Institutionen moralisch richtig handeln sollen: die *Kompetenz* oder *Fähigkeit* einerseits und die *Bereitschaft* oder *Motivation* dazu andererseits. „Die Ermöglichungs- und Beschränkungsfunktion von Moral bedarf zu ihrer Realisierung der Motivation (Bereitschaft) und der Fähigkeit von Akteuren, moralisch zu handeln."[14] Fasst man morali-

---

[10] Wieland 2005a, S. 61.

[11] Donaldson & Dunfee 1999, S. 439.

[12] Vgl. vor allem Solomon 1992.

[13] Homann & Blome-Drees 1992, S. 35.

[14] Wieland 2005a, S. 88.

sche Bereitschaft und Fähigkeit grob unter dem Begriff der Tugend zusammen, dann gilt, dass Institutionen ohne individuelle Tugenden leer
laufen. Bereits in der übergeordneten Debatte der politischen Theorie ist
dies vielfach erkannt worden. Erst der Gebrauch der politischen Kommunikation durch die Bürgerinnen und Bürger, so beispielsweise die Argumentation von Jürgen Habermas, gibt den Institutionen und rechtlichen
Gewährleistungen der freien Meinungsbildung ihren Sinn und ihre Funktion.[15] Die Systeme bleiben auf „die Ressourcen der Lebenswelt"[16] angewiesen. Habermas spricht vom „... Entgegenkommen eines konsonanten
Hintergrundes von rechtlich nicht erzwingbaren Motiven und Gesin-
nungen eines am Gemeinwohl orientierten Bürgers."[17] Walzer nennt dies
den „Geist der aktiven Beteiligung"[18], bei de Tocqueville sind es die
„Habits of the heart", bei Rousseau ist es die „Zivilreligion" und bei Dah-
rendorf der „Bürgersinn". Die Vermutung sowohl in der politischen
Theorie als auch in der institutionenökonomisch argumentierenden Governanceethik scheint die gleiche zu sein: Moral gelangt in die Systeme,
sofern diese generell die *Möglichkeit* bereitstellen und sofern Individuen
die *Fähigkeit* und *Bereitschaft* dazu mitbringen. Wenn Wieland in seiner
Governanceethik auf institutionenökonomisch rekonstruierte Anreize zu
moralischem Handeln zurückgreift, dann berücksichtigt er allerdings
lediglich zwei dieser drei Bedingungen (Möglichkeit und Bereitschaft)
und setzt die dritte (Fähigkeit) schlicht voraus. Wo die Governanceethik
auf die Diskussion von Anreizen fokussiert, um die Bereitschaft zum moralischen Handeln in Organisationen zu fördern, unterschätzt sie mithin,
dass Bereitschaft ohne Fähigkeit dysfunktional bleibt, wenn es tatsächlich zu moralischen Handlungen kommen soll.

Die Grenzen unternehmerischer Sprachspiele

Priddat hat darauf hingewiesen, dass die Polylinguistik ein „(...) spezifi-
sches *diversity management* voraus[setzt G.P.] – allerdings nicht im
Sinne einer zusätzlichen Managementfähigkeit, sondern als Fundamen-

---

[15] Vgl. Habermas 1994, S. 447.
[16] Habermas 1994, S. 366.
[17] Habermas 1994, S. 641.
[18] Walzer 1996, S. 77.

taloperation."[19] Polylinguistik in diesem Sinne lässt sich als Sprachspielmanagement deuten. Manager müssen über die Kompetenz verfügen, innerhalb ihrer sich permanent verändernden organisationalen Kontexte im jeweils geeigneten und notwendigen Sprachspiel zu agieren. Über diese Fähigkeit verfügen sie aber häufig nicht. Der Umgang mit Entlassungen macht ein solches moralisches Kompetenzdefizit deutlich: Mit Brachialgewalt wird der Personalbestand oft nach unten gefahren. Erstaunlich ist die Würdelosigkeit und Instinktlosigkeit, mit der die Entlassungen vollzogen werden. Mitarbeiter werden zur Feier eines neuen Mergers in ein Luxushotel im benachbarten Ausland geflogen, um nach ihrer Rückkehr das Kündigungsschreiben im Briefkasten vorzufinden. Andere werden auf teure MBA-Programme geschickt und vor Beendigung dieser Ausbildung ohne Begründung rausgeworfen. Entlassen wird per Anruf, am Wochenende und zu Hause oder am Schreibtisch im Büro. Entlassen wird per Aushang, per E-Mail, per SMS oder einfach durch den Austausch von Schlössern und Schlüsseln. Zügig haben die Betroffenen ihre Schreibtische zu räumen, zur Tür begleitet sie der Sicherheitsdienst des Hauses. Vorgesetzte exekutieren die Entscheidung, begründen sie aber gegenüber den Betroffenen nicht mehr. Sie verstecken sich hinter allgemeinen Floskeln oder verweigern schlicht jede weitere Kommunikation. Hinter manchem dieser Vorgänge mögen sicherlich erhebliche Charaktermängel der Verantwortlichen stecken, was sich in der fehlenden *Bereitschaft* widerspiegelt, die moralische Dimension der Entlassung zu berücksichtigen. In jedem dieser Fälle kann man aber davon ausgehen, dass diese schlicht nicht über die *Fähigkeit* verfügen, die moralische Dimension eines zumindest oberflächlich rein ökonomischen Vorgangs zu erkennen, geschweige denn zu managen. Diese Manager sind moralisch stumm.[20] Meine Vermutung ist, dass die Kompetenz zur Polylingualität oft durch die dichten Sprachfilter etablierter Managementkommunikation systemisch und systematisch verbaut ist. Damit wird genau jene Dimension von Moralität besonders virulent, die im Wielandschen Governancemodell am wenigsten ausgearbeitet ist: die erforderlichen (unternehmens-) ethischen Kompetenzen der individuellen Akteure. Dies ist aus Unternehmenssicht vor allem dort problematisch, wo moralische Inkompetenz die Organisation in erheblichem Maße schädigen kann. Je größer der Ein-

---

[19] Priddat 2004, S. 155.
[20] Vgl. Bird & Waters, 1989.

fluss eines Akteurs innerhalb der Organisation, desto größer sind die mit
ethischer Inkompetenz verbundenen Risiken. Führungskräften kommt
hier eine besondere Verantwortung zu, weil ihr Verhalten in der Regel
folgenreicher ist[21], und weil ihr Verhalten die ethischen Maßstäbe innerhalb von Organisationen setzt.[22] Leadership wird daher immer wieder als
zentraler Treiber organisationaler Ethik beschrieben.[23] Eine kritische
Analyse organisationaler Sprachspiele sollte meines Erachtens daher besonders auf die Sprachfähigkeit von Managern fokussieren. Dabei soll
der Begriff des Managements durchaus weit gefasst werden und sich keineswegs auf Topmanager beschränken. Es ist zu vermuten, dass die be-
schränkten kommunikativen Kompetenzen nicht erst in Toppositionen
„erworben", sondern bereits im Studium und auf dem Weg durch organisationale Karrierepfade geprägt werden.

Was erklärt die in der folgenden Tabelle gesammelten anekdotischen,
aber vermutlich typischen Verhaltensmuster von Unternehmen und
Managern in Reaktion auf moralische Kritik? Ein wesentlicher Aspekt
der Antwort ist aus meiner Sicht, dass Manager ihr Handwerk in der stabilen Industriegesellschaft des letzten Jahrhunderts gelernt haben und
sich nun mit Problemen und Themen konfrontiert sehen, die nicht in die
alten Erfahrungsschemata hineinpassen. Sie wissen nicht, wie man mit
Moral umgeht, weil Moral weder Teil ihrer Ausbildung noch zentraler
Aspekt ihrer bisherigen beruflichen Erfahrung gewesen ist. Darüber hinaus nehmen sie nicht selten Managemententscheidungen und Ethik als
voneinander unabhängig wahr. Als Konsequenz reagieren sie dann in
ethischen Dilemmasituationen völlig unangemessen. Die anekdotische
Analyse unternehmerischer Reaktionen auf externe Kritik scheint die
linguistische Beschränktheit mancher Akteure zu bestätigen. Sobald sie
mit moralischer Kritik konfrontiert werden, neigen Organisationen nicht
selten dazu, in einem legalistischen, ökonomistischen oder szientistischen
Sprachspiel zu antworten, indem sie beispielsweise zur Untermauerung
ihrer Position auf technologisches Datenmaterial verweisen.[24] Die folgende Tabelle illustriert dieses Defizit. Sie zeigt die Reaktionen von Un-

---

[21] Vgl. Badaracco 1997.

[22] Vgl. Trevino, Brown & Hartman 2003.

[23] Vgl. zum Beispiel Carlson & Perrewe 1995; Paine 1996; Weaver, Trevino &
Cochran 1999; Ramus 2001; Parry & Proctor-Thomson 2002.

[24] Vgl. Ashforth & Gibbs, 1990.

ternehmen auf externe moralische Kritik, wie sie in der Regel von Nichtregierungsorganisationen vorgetragen wird. Die genutzten Sprachspiele (SS) sind legalistisch (L), ökonomistisch (Ö) oder szientistisch (S).

Abb. 1: Sprachspiele in Reaktion auf externe moralische Kritik

Moralische Kritik von außen	Angegriffenes Unternehmen	Reaktion	SS
1. Es ist moralisch unverantwortlich, gentechnisch veränderte Nahrungsmittel zu verkaufen, solange die Risiken und Nebeneffekte noch zu wenig erforscht sind.	Monsanto	Monsanto bestand darauf, dass die gentechnisch veränderten Nahrungsmittel rechtlich und wissenschaftlich stärker kontrolliert seien als alle anderen Produkte. Außerdem wies der Director of Communications, Phil Angels, in einem Interview mit der New York Times (25.10.1998) darauf hin, dass es nicht Monsantos Verantwortung sei, die Sicherheit von Genfood zu garantieren. Interesse des Unternehmens sei es vielmehr, so viel wie möglich davon zu verkaufen.	L Ö S
2. Nach 9/11 wurde in den USA argumentiert, dass es unpatriotisch sei, Unternehmenszentralen in Offshore-Länder zu verlegen und in den USA keine Steuern zu zahlen.	Ingersoll-Rand; Tyco Int.; Accenture	Einige angegriffene Unternehmen verwiesen darauf, dass sie einen Wettbewerbsnachteil hätten, wenn sie sich nicht daran beteiligen würden (z.B. Ingersoll-Rand; Tyco). Andere, wie Accenture, betonten, dass sie rechtlich gesehen niemals ein US-amerikanisches Unternehmen gewesen seien und von unpatriotisch daher nicht die Rede sein könne.	L Ö
3. Es ist nicht legitim, dass Industrieunternehmen die Weltmeere als ihren Abfalleimer missbrauchen. Die Versenkung der Brent Spar stellt daher einen gefährlichen Präzedenzfall dar.	Shell	Shell verwies auf die Erlaubnis der englischen Regierung und das Urteil von sieben unabhängigen wissenschaftlichen Gutachten, die alle die Versenkung gegenüber einer Entsorgung an Land empfahlen.	L S

4. Zahlreiche Kaffeebauern verhungern, weil das Geld, das man ihnen für ihre Ernte zahlt, nicht zum Überleben ausreicht.	Kraft	„At Kraft, we believe the most important contribution we can make to the long-term health of the coffee industry, including the sustained well being of farmers, is to continue to promote consumer demand."	Ö
5. Die Aktivisten Dave Morris und Helen Steel verteilten Flugblätter, auf denen sie McDonald's anklagen wegen der Gesundheitsrisiken seiner Produkte, der Arbeitsbedingungen der Mitarbeiter, der Behandlung von Schlachttieren sowie der verheerenden Ökobilanz.	McDonald's	Alle Vorwürfe werden zurückgewiesen und die Aktivisten mit Klagen überzogen.	L
6. Bophal-Katastrophe	Union Carbide	Nach dem Unfall in Bophal kämpfte Union Carbide vor allem dafür, die Schadensersatzzahlungen so niedrig wie möglich zu halten. Eine Verantwortung wurde grundsätzlich abgelehnt, Gesundheitseffekte wurden heruntergespielt, die Schuld wurde einzelnen Mitarbeitern zugewiesen.	L S
7. Exxon Valdez-Katastrophe	Exxon	In einem Interview mit dem Magazin Fortune nach dem Exxon Valdez Desaster argumentiert der CEO von Exxon, Lawrence G. Rawl, dass man in Alaska in etwa zehn Jahren keine Spuren von dem Unglück mehr finden werde.	S
8. In seiner indischen Niederlassung (Dabhol Power Co.) wurde Enron dafür kritisiert, die Interessen der indischen Bevölkerung systematisch zu ignorieren, bspw. durch überteuerte Energie und die Ignoranz lokaler Umweltstandards.	Enron (Indien)	Enron verwies stets auf darauf, dass ihr Verhalten mit indischen Gesetzen und internationalen Gesetzen konform gehe.	L

Die Indian Times kritisierte Enron für ihr Streben nach „unearned, windfall super-profits".			
9. Seit den frühen 90ern wird Nike für Menschenrechts-verletzungen bei seinen Zulieferern kritisiert.	Nike	Nike argumentierte jahrelang, dass die Produktion ausge-lagert sei und die Verantwor-tung bei den – rechtlich selb-ständigen – Zulieferern liege. Folglich solle man diese und nicht Nike kritisieren.	L
10. In Indien geriet Cargill unter öffentlichen Druck. Der Vorwurf lautete, dass die Herstellung und der Vertrieb von hybridem Saatgut und der Aufbau von Salzabbaueinrichtun-gen Monopolstrukturen schaffe, zur Verelendung der Bauern führe und den indischen Markt wieder kolonialisiere. Eine De-monstration von 500.000 indischen Bauern vor dem Cargill Headquarter in Bangalore bildete den Höhepunkt einer Anti-Cargill Kampagne.	Cargill (Indien)	Cargill reagierte durch klei-nere Zugeständnisse, aber vor allem durch massives politi-sches Lobbying.	L
11. Iveco stellt in einem Joint Venture mit der Yuejin-Automotive Group Klein-laster in China her. Haupt-abnehmer ist die chinesi-sche Armee, die die Laster zum Teil zu mobilen Hin-richtungsstationen u.a. für Drogenhändler umbaut. Vor allem im Grenzgebiet Yunnan werden diese ver-haftet und nach kurzem Verhör mit einer Gift-spritze im LKW getötet.	Iveco/Fiat	Fiat, der Mutterkonzern von Iveco, stritt zunächst alles ab und argumentierte dann, dass die Verantwortung für die Nutzung der Fahrzeuge bei den Käufern liege. Man könne den Konsumenten nicht vor-schreiben, was sie mit ihrem erworbenen Eigentum zu tun hätten.	L Ö
12. In den Abfüllfabriken in Kolumbien werden Ge-werkschafter von Mördern	Coca Cola	Coca Cola besteht darauf, dass Abfüllfabriken als Franchise-nehmer generell unabhängig von Coca Cola sind.	L

beseitigt, die vom Management gedungen sind. Durch systematischen Einsatz von Einschüchterungsmethoden wird Kritik unter den Arbeitern unterdrückt.			
13. „Blutdiamanten" sind maßgeblich verantwortlich für die Finanzierung des angolanischen Bürgerkrieges, der bisher an die 700.000 Tote gefordert hat. Der Hauptabnehmer der Diamanten ist De Beers.	De Beers	In seinem Geschäftsbericht von 1996 erwähnt De Beers lediglich, dass ein Rekordeinkauf angolanischer Diamanten zur Preisstabilität im Markt beigetragen habe. Verstärkter Druck von NGOs motiviert den CEO von De Beers, Nicky Oppenheimer, einen Brief an seine Kollegen in der Diamantenindustrie zu schreiben, in dem er auf die unschönen Effekte der öffentlichen Kritik auf das Image von Diamanten hinweist.	Ö
14. In Mexiko wird Alcoa für die Höhe der an die Arbeiter gezahlten Löhne kritisiert, die nach Angaben lokaler NGOs zu miserablen Lebensbedingungen von Alcoa-Arbeitern führen.	Alcoa	„Ja, die Löhne sind niedrig", gesteht der CEO von Alcoa in einem Interview. „Aber so ist das nun mal. Das ist der Markt. Wenn sie nicht für uns, sondern für jemand anderen arbeiten würden, hätten sie ein noch geringeres Einkommen."	Ö
15. In Mexiko wird Wal Mart dafür kritisiert, ein Warenhaus auf dem Grundstück einer der berühmtesten archäologischen Ausgrabungen, der Mondpyramide in Teotihuacan, zu bauen. Es gab zahlreiche Petitionen, einen Hungerstreik und eine kritische Stellungnahme des mexikanischen Präsidenten Vincente Fox.	Wal Mart	Wal Marts Reaktion: „Wir schaffen Arbeitsplätze und wir bieten Preise, die niedriger sind als die der umliegenden kleinen Geschäfte."	Ö

Die Grenzen unternehmerischer Erzeugung von Sinn

Wittgensteins Beobachtung, die er unter dem Begriff des Sprachspiels zu fassen suchte, bezieht sich grob gesagt darauf, dass die Bedeutung eines Sprechaktes sich aus dem spezifischen und historisch gewachsenen Kontext ergibt, in dem er vollzogen wird.[25] Solche Sprachspiele filtern und standardisieren die Wahrnehmung und Interpretation der Welt – beispielsweise in Organisationen. Diese können verstanden werden als Deutungsgemeinschaften, die gemeinsame Werte und Überzeugungen teilen, welche dann zum Ausgangspunkt von Interpretationen eigener und anderer Handlungen werden.[26] Sinnerzeugung (sense-making) kann dabei definiert werden als „a process in which individuals develop cognitive maps of their environment."[27] Organisationen entwickeln eine gemeinsame Sprache, über die derartige Prozesse der Sinnerzeugung ablaufen.[28] Der Wielandsche Begriff der Polylingualität macht deutlich, dass die Qualität unternehmerischer Sprachkompetenz entscheidend ist für die Fähigkeit, externe Ereignisse sinnvoll zu interpretieren. Je komplexer und anspruchsvoller etwa die organisationale Sprachfähigkeit, desto größer die Kompetenz der Organisation, externen Input sinnvoll zu interpretieren.[29] „Grammars define sets of possibilities."[30] Je reduzierter der linguistisch transportierte Wahrnehmungsradius der Organisation, desto geringer die entsprechende Kompetenz zur angemessenen Interpretation des organisationalen Kontextes. Vieldeutige Kontexte zeichnen sich dadurch aus, dass Wertvorstellungen kollidieren, widersprüchliche Interpretationen existieren, das Problem unklar ist, Rollen und Verantwortungen unklar sind und Erfolgsmaßstäbe zur Orientierung fehlen.[31] Je komplexer das unternehmerische Handlungsumfeld, desto schwieriger die Interpretation externer Ereignisse im Rahmen der routinisierten Sprachspiele. Entsprechend kann man dort, wo reduzierte Sprachspiele auf kom-

---

[25] Vgl. Wittgenstein 1967; für die Anwendung in der Managementtheorie vgl. Astley & Zammuto 1992.

[26] Vgl. Smircich & Subbart 1976, S. 727.

[27] Ring & Rands 1989, S. 342.

[28] Vgl. Walsh & Ungson 1991, S. 60; vgl. auch Schall 1983.

[29] Vgl. Weick 1995, S. 4.

[30] Pentland & Rueter 1994, S. 489.

[31] Vgl. Weick 1995, S. 93.

plexe Zusammenhänge jenseits der eingespielten Routinen stoßen, Verständnisprobleme erwarten. Dies geschieht beispielsweise dort, wo Manager den Kontext ihrer Entscheidungen als wertfrei auffassen. Dies geschieht aber auch dort, wo bestimmte moralische Interpretationen mit dem Anspruch von alleingültiger Wahrheit vorgetragen werden. Unter Pluralismusbedingungen muss das, was als moralisch gilt, nach allen Seiten kommunikationsoffen bleiben.[32] Die Konsequenz von moralischer Ignoranz und moralischem Fundamentalismus ist, dass solche Manager systematisch die Verletzlichkeit der Unternehmung gegenüber gesellschaftlichen Wertdiskursen unterschätzen.[33] Sobald unternehmerische Entscheidungen und gesellschaftliche Erwartungen konfligieren, steht zu erwarten, dass Unternehmen dies zunächst erst gar nicht bemerken, weil die Unterschätzung von Werten zum Herausfiltern derartiger Beobachtungen führt, und, sobald sie es bemerken, die Wirkung unterschätzen. Derartige Organisationen tendieren zu selbstreferentiellen Weltwahrnehmungen.[34] Oestreich hat dies an einem Beispiel illustriert: Dort, wo Manager das Ende alter, ineffizienter Industrien sehen, erkennen externe Kritiker entwurzelte Familien und zerstörten Lebensentwürfe.[35] Calton und Payne kritisieren daher, dass „corporate policies with broad social ramifications are often driven by a privileged narrative, which has the power to silence (or marginalize) dissent and to ignore plural sources of local or emergent meanings."[36] Die Komplexität reduzierenden sprachlichen Filter organisationaler Außenwahrnehmung werden dort zum Problem, wo die im Unternehmen tradierten Lösungen, Werte oder Verantwortungen und die sich um das Unternehmen herum manifestierenden Probleme und Erwartungen nicht mehr aufeinander passen.

Die im Unternehmen angewandten Sprachspiele schöpfen aus unterschiedlichen Quellen, die unter anderem aus gesellschaftlich dominierenden Ideologien und organisationaler und berufsspezifischer Prägung stammen.[37] Dieser dreifach gefilterte Wortschatz setzt die Rahmenbedin-

---

[32] Vgl. Priddat 2004.

[33] Vgl. Swanson 1999; Calton & Payne 2003.

[34] Vgl. Swanson 1999.

[35] Vgl. Oestreich 2002, S. 215.

[36] Calton & Payne 2003, S. 5.

[37] Vgl. Weick 1995, S. 107.

gungen von Wahrnehmung und Interpretation interner und externer Phänomene.

Was die ideologische Prägung angeht, so haben Unternehmen und Manager in Unternehmen im Zeitalter der stabilen Industriegesellschaft gelernt, dass ihre gesellschaftliche Verantwortung sich weitgehend auf die Maximierung des unternehmerischen Erfolges unter Einhaltung der Gesetze beschränkt.[38] Die unsichtbare Hand des Marktes führt dann dazu, dass das je individuelle, auf Eigennutz angelegte Streben in Gemeinwohl überführt wird.[39] Der Markt ist der Garant demokratischer Freiheit, denn die historische Basis modernen Freiheitsverständnisses ist die Freiheit des privaten Besitzes, und die bürgerliche Freiheit ist nach allgemeinem liberalem Verständnis daher immer auch – vielleicht sogar primär – die Freiheit des Wirtschaftsbürgers. Dass Stadtluft frei macht, wie man seit dem Mittelalter sagt, liegt vor allem daran, dass die Stadt den ökonomisch tätigen Menschen vor dem willkürlichen Zugriff der Fürsten schützte. Freiheit in dieser Tradition bedeutet vor allem, dass Arbeit und Eigentum gegen staatlichen Einfluss so weit wie möglich abzuschirmen sind. Gegenüber dem Wirtschaftsbürger muss sich die politische Herrschaft mit ihren zugleich freiheitseinschränkenden und freiheitsermöglichenden Gesetzen rechtfertigen, ihm gegenüber muss sie ihre Macht legitimieren. Es ist der Staat, der sich rechtfertigen muss. Unternehmen hingegen sind Privatbesitz, eine Form der bürgerlichen Freiheitsausübung.

Die organisationale Quelle unternehmerischer Sprachspiele schließt unmittelbar an diese ideologische Prägung an: Die in der Tabelle gesammelten Fälle unternehmerischer Konfrontation mit zivilgesellschaftlicher Kritik bewegen sich jenseits der Erfahrungen, die Unternehmen im Kontext der stabilen Industriegesellschaft normalerweise gemacht haben. Unternehmen sind statt dessen von der Erfahrung geprägt, dass Moral als Kriterium ihres Erfolges bisher keine herausragende Rolle spielte. Dass die jüngeren Prozesse des globalen Outsourcings von Wertschöpfung ein Insourcing zahlreicher moralischer Probleme provozieren (Sklavenarbeit, Kinderarbeit, Umweltzerstörung etc.), rückt derzeit die Moral zwar deutlich nach vorne in der unternehmerischen Wahrnehmung, aber der Wahrnehmung folgen nicht automatisch sinnvolle Interpretationen, wie die

---

[38] Vgl. Mintzberg, Simons & Basu 2002.
[39] Vgl. Ulrich 1997, S. 131 ff.

Tabelle zeigt. Statt dessen wird das Neue in die Interpretationsschemata etablierter Sprachspielroutinen gepresst.

Was die berufsspezifischen Prägungen unternehmerischer Sprachspiele angeht, so wird der ökonomistische Fokus der Weltwahrnehmung bereits in der Ausbildung des Managementnachwuchses gesetzt. „... junge Manager ... werden angelernt in einer scheinbar ubiquitären Semantik."[40] Mintzberg kritisiert, dass die Mainstream MBA-Ausbildung mathematisch und analytisch begabte Kandidaten selektiert und diesen dann wiederum lediglich mathematische und analytische Kompetenzen vermittelt, die wenig mit dem praktischen Managementhandwerk zu tun haben und die maßgeblich für die Shareholdervalue-Fixierung in den Unternehmen verantwortlich sind. Manager exekutieren, was man ihnen als Studenten beigebracht hat.[41] Kommen die Entscheidungsträger in den Unternehmen aus juristischen, natur- oder ingenieurwissenschaftlichen Studiengängen, so wird die ökonomistische Wahrnehmung der Welt vermutlich im Laufe der Karriere im Unternehmen auf ein Fundament aufgesattelt, das entweder in juristischen oder in technologischen Kriterien zu argumentieren und zu entscheiden geschult ist.

In der Mischung dieser drei Orientierungsquellen entsteht vermutlich die Dominanz der drei unternehmerischen Sprachspiele: legalistisch, ökonomistisch und szientistisch. Die in der Tabelle aufgeführten Beispiele von Sprachspielkollisionen entstammen daher vermutlich in ihrer Mehrheit nicht böser Absicht, sondern zunächst einmal schlicht sprachlicher Inkompetenz.

Wo unternehmerische Sprachmuster auf zivilgesellschaftliche Sprachmuster prallen, scheint Verständigung so lange nicht möglich, wie sich die Organisationen nicht sprachlich öffnen. Dabei geht es selbstverständlich nicht darum, dass den moralischen Argumenten per se eine höhere Qualität innewohnt. Das Problem der dominierenden unternehmerischen Sprachspiele ist nicht die potentielle Gültigkeit vorgetragener Argumente, sondern der Anspruch, mit derartigen Argumenten Wahrheit zu produzieren und Widerspruch abweisen zu können. In pluralistischen Kontexten ist Akzeptanz keine prädiskursive Eigenschaft von Argumenten, sondern höchstens die Folge kommunikativer Auseinandersetzung. Unter Pluralismusbedingungen liegt die normative Kraft von Argumen-

---

[40] Priddat 2004, S. 157.
[41] Vgl. Mintzberg 2004.

ten in deren Fähigkeit, Diskurse zu überleben.[42] Dasselbe gilt im Übrigen für zivilgesellschaftliche Aktivisten: Ethische Qualität steckt nicht in deren normativen Ansprüchen, sondern ergibt sich aus dem diskursiven Ringen um eine Lösung bei widersprüchlichen Interpretationen und Weltsichten.

Die von Unternehmen genutzten Argumente in der Auseinandersetzung mit zivilgesellschaftlicher Kritik enthalten oft versteckte normative Annahmen, die den jeweils angewandten Sprachspielen entsprechen: Der wissenschaftliche Fortschritt ist gut für die Gesellschaft; Unternehmen müssen Gewinne maximieren; Unternehmensverantwortung heißt, den Gesetzen zu folgen. Die Akzeptanz derartiger Argumente erodiert allerdings. Zu Traditionen geronnene Diskurse werden wieder in Sprache übersetzt, und zweifelhaft gewordene Hintergrundannahmen unternehmerischen Entscheidens müssen sich öffentlichen Rechtfertigungsdiskursen stellen.

Argumente externer Kritiker mögen im engen unternehmerischen Sprachspiel keinen Sinn ergeben oder irrational sein (etwa die Angst von Anwohnern eines Kernkraftwerkes vor dem GAU), sie mögen rechtlich nicht zu rechtfertigen sein, aber sie können sich in ökonomisch relevante Argumente verwandeln, sobald sie zum Auslöser öffentlichen Drucks werden. Doh und Ramamurti zeigen beispielsweise, dass Enrons Probleme mit nationalistischem Druck in Indien (siehe Tabelle) auf das eindimensional ökonomische Denken des Managements zurückgeführt werden können und auf den Versuch, rücksichtslos den besten Deal für sich herauszuholen.[43]

Dass Unternehmen sich moralischer Kritik meistens erst dann stellen, wenn der externe Druck als bedrohlich wahrgenommen wird, hat damit zu tun, dass Unternehmen einerseits generell empfänglicher für Bedrohungen als für Möglichkeiten sind.[44] Andererseits wird die Fähigkeit zur Transzendenz etablierter Sprachspielroutine wohl stets durch den Zusammenbruch üblicher Deutungs- und Handlungsroutinen – mithin durch Unternehmenskrisen – beschleunigt. Die interpretative Kartierung des organisationalen Kontextes wird limitiert durch die in der Unternehmung dominierenden Annahmen über die Umwelt: „People make sense of

---

[42] Vgl. Nanz & Steffek 2004.

[43] Vgl. Doh & Ramamurti 2003.

[44] Vgl. Jackson & Dutton 1988.

things by seeing a world on which they already imposed what they believe."[45] Dies zeigt sich beispielsweise darin, dass überraschende externe
Ereignisse nicht zugleich zu neuen Interpretationen führen, sondern dazu,
dass alte Routinehandlungen mit noch größerer Anstrengungen fortge-
setzt werden.[46] Erst die unternehmerische Krise, die durch den Druck auf
Umsatz und Reputation entsteht, erzeugt die Offenheit, das eigene
Sprachspiel zu transzendieren. Das Statement von Shell nach dem Desaster der Brent Spar deutet eine solche Öffnung an: „Wir haben gelernt,
daß die Öffentlichkeit unsere Argumente nicht nachvollziehen konnte.
Aber nicht nur das. Uns ist auch bewußt geworden, daß wir auf Sie,
unsere Kunden, mehr und genauer hören müssen. Damit haben wir auch
gelernt, daß für bestimmte Entscheidungen Ihr Einverständnis genauso
wichtig ist wie die Meinung von Experten oder die Genehmigung durch
Behörden."[47] Verhaltensveränderungen beruhen in hohem Maße auf der
Fähigkeit, die eigene Sprache zu transformieren.[48] Wie die Beispiele in
der Tabelle zeigen, führen legalistische, ökonomistische oder szientisti-
sche Reaktionen auf moralische Anfragen eher zu einer Vergrößerung
von Widerstand und Empörung. Öffentliche Akzeptanz hängt vom
authentischen Interesse und der wahrgenommenen Aufmerksamkeit für
entgegengesetzte Meinungen, Interessen, Befürchtungen und Werte ab.
Dieser Anspruch lässt sich unter Pluralismusbedingungen legitimerweise
nur noch diskursiv abarbeiten.

Konsequenzen für die Governanceethik

Mein Beitrag sollte verdeutlichen, dass die Governanceethik dort theoretische Lücken aufweist, wo sie sich durch ihren institutionellen Analyse-
fokus den Blick auf den Beitrag individueller Akteure verstellt. Die Diskussion von Anreizstrukturen deckt zwar einzelne Elemente dieses individuellen Inputs ab, nämlich die Schaffung eines Möglichkeitenraumes
und der entsprechenden Motivation, moralisch zu handeln. Die Fähigkeit
der Individuen wird allerdings zur Blackbox, zum stillschweigend vor-

---

[45] Weick 1995, S. 15.

[46] Vgl. Weick 1995, S. 46.

[47] Mantow 1995, S. 153.

[48] Vgl. Weick 1995, S. 109.

ausgesetzten Input. Ich habe versucht zu zeigen, dass das Verhalten von Managern in konkreten unternehmensethischen Dilemmasituationen zeigt, dass entsprechende Kompetenzen nicht vorausgesetzt werden können. Man erhält eher den Eindruck, dass die Fähigkeit zum moralischen Sprachspiel eine knappe Ressource ist und dass zahlreiche unternehmerische Probleme mit externem Druck auf genau dieser Knappheit beruhen. Dass sich diese mangelnde Sprachfähigkeit vor allem bei Managern auswirkt, beruht auf deren größerem Handlungsradius und den potentiell größeren Entscheidungskonsequenzen. Dies rückt zusätzlich den Aspekt der Leadership in den Vordergrund, der im Wielandschen Ansatz – wie auch in beinahe allen anderen deutschen Unternehmensethikansätzen – systematisch vernachlässigt wird.

Es geht nicht darum, eine Alternative zu institutionellen Governancemechanismen zu entwickeln, sondern einen Ergänzungsvorschlag zu skizzieren. Die grundsätzliche Anschlussfähigkeit individualethischer und führungsethischer Aspekte an die Governanceethik wird über den Anspruch der Polylingualität sichergestellt.

Ist die Governanceethik eine Tugendethik? Es sollte gezeigt werden, dass der Fokus tugendethischer Theoriebildung, die moralische Motivation und die moralischen Kompetenzen von Individuen einen wichtigen Beitrag zur Weiterentwicklung der Theorie liefern können. Die Governanceethik ist keine Tugendethik im engeren Sinne, aber sie beruht auf implizit tugend-orientierten Voraussetzungen, die sie theoretisch abarbeiten muss. Allerdings geht es mir weniger um eine Anschlussfähigkeit der Governanceethik an klassische tugendethische Konzepte. Vielmehr geht es hier um die Betonung kommunikativer Fähigkeiten in Richtung auf die von Priddat beschriebene Kompetenz zum Diversitymanagement oder zur Re-Interpretation.[49] Den Bezugspunkt sollte dabei weniger ein (eher alteuropäisches) Verständnis von Tugend bilden als vielmehr ein Leadership-getriebenes Konzept individueller moralischer Kompetenzen. Es geht um moralische Sprachkompetenz, die sich unter Pluralismusbedingungen vor allem in der Fähigkeit zeigt, Dissense und Paradoxien zu managen, zu kooperieren und Toleranz zu praktizieren.

Moral wird in Unternehmen nicht primär über kodifizierte Werte kommuniziert[50], sondern über das Verhalten von Führungskräften. Die

---

[49] Vgl. Priddat 2004, S. 174.

[50] Vgl. Wieland 1999, S. 94 f.

Governanceethik sollte um einen Baustein „moral leadership" erweitert werden.

Literatur

Ashforth, B.E./Gibbs, B.W. (1990): The double-edge of organizational legitimation. Organization Science, 1 (2): 177-194.

Astley, W.G./Zammuto, R.F. (1992): Organization Science, Managers, and Language Games. Organization Science, 3: 443-460.

Badaracco, J. (1997): Defining moments. When managers must chose between right and right. Boston: Harvard Business School Press.

Bird, F./Waters, J. (1989): The moral muteness of managers. California Management Review 32 (1): 73-88.

Calton, J.M./Payne, S.L. (2003): Coping With Paradox. Business & Society, 42 (1): 7-42.

Carlson, D.S./Perrewe, P.L. (1995): Institutionalization of organizational ethics through transformational leadership. Journal of Business Ethics, 14: 829-838.

Doh, J.P./Ramamurti, R. (2003): Reassessing risk in developing country infrastructure. Long Range Planning 36: 337-353.

Donaldson, T./Dunfee, T.W. (1999): Ties that bind: A social contracts approach to business ethics. Boston: Harvard Business School Press.

Habermas, J. (1994): Faktizität und Geltung. Beiträge zur Diskurstheorie des Rechts und des demokratischen Rechtsstaates. Frankfurt (4. Auflage): Suhrkamp.

Homann, K./Blome-Drees, F. (1992): Wirtschafts- und Unternehmensethik. Göttingen: Vandenhoeck und Ruprecht.

Mantow, W. (1995): Die Ereignisse um Brent Spar in Deutschland. Interne Pressedokumentation und -analyse von Shell Deutschland. Hamburg: Deutsche Shell AG.

Mintzberg, H. (2004): Managers not MBAs. London: Prentice Hall.

Mintzberg, H./Simons, R./Basu, K. (2002): Beyond Selfishness. Sloan Management Review, 44 (1): 67-74.

Nanz, P./Steffek, J. (forthcoming): Global Governance, Participation and the Public Sphere. Government and Opposition.

Oestreich, J.E. (2002): What can business do to appease anti-globalization protestors? Business and Society Review, 107 (2): 207-220.

Paine, L.S. (1996): Moral thinking in management: An essential capability. Business Ethics Quarterly, 6: 477-492.

Parry, K.W./Proctor-Thompson, S.B. (2002): Perceived integrity of transformational leaders in organisational settings. Journal of Business Ethics, 35: 75-96.

Pentland, B.T./Rueter, H.H. (1994): Organizational Routines as Grammars of Action. Administrative Science Quarterly, 39: 484-510.

Priddat, B.P. (2004): Organisation und Sprache. In: Wieland, J. (Hg.): Governanceethik im Diskurs. Marburg: Metropolis: 147-180.

Ramus, C.A. (2001): Organizational support for employees: Encouraging creative ideas for environmental sustainability. California Management Review, 43 (3): 85-105.

Ring, P.S./Rands, G.P. (1989): Sensemaking, understanding, and committing: Emergent interpersonal transaction processes in the evolution of 3M's microgravity research program. In: Van den Ven, A.H./Angle, H.L./Poole, M.S. (eds.): Research on the management of innovation. The Minnesota studies. New York: Ballinger: 337-366.

Schall, M.S. (1983): A communication-rules approach to organizational culture. Administrative Science Quarterly, 28: 557-581.

Smircich, L./Stubbart, C. (1985): Strategic management in an enacted world. Academy of Management Review, 10: 724-736.

Solomon, R. (1992): Ethics and excellence: Cooperation and Integrity in Business. New York: Oxford University Press.

Swanson, D.L. (1999): Towards an integrative theory of business and society: A research strategy for corporate social performance. Academy of Management Review, 24 (3): 506-521.

Trevino, L.K./Brown, M./Hartman, L.P. (2003): A qualitative investigation of perceived executive leadership: Perceptions from inside and outside the executive suite. Human Relations, 56 (1): 5-37.

Walsh, J.P./Ungson, G.R. (1991): Organizational Memory. Academy of Management Review, 16: 57-91.

Walzer, M. (1996): Lokale Kritik – globale Standards. Frankfurt: Rotbuch Verlag.

Weaver, G.R./Trevino, L.K./Cochran, P.L. (1999): Integrated and decoupled corporate social performance: Management commitments, external pressure, and corporate ethics practices. Academy of Management Journal, 42 (5): 539-552.

Weick, K.E. (1995): Sensemaking in Organizations. Thousand Oaks: Sage.

Wieland, J. (1993): Die Ethik der Wirtschaft als Problem lokaler und konstitutioneller Gerechtigkeit. In: ders. (Hg.): Wirtschaftsethik und Theorie der Gesellschaft. Frankfurt: Suhrkamp.

Wieland, J. (1994): Warum Unternehmensethik? In: Forum für Philosophie Bad Homburg (Hg.): Markt und Moral. Die Diskussion um Unternehmensethik. Bern: Haupt: 215-239.

Wieland, J. (1997): Ökonomische Organisation, Allokation und Status. Tübingen: Mohr.

Wieland, J. (1999): Die Ethik der Governance. Marburg: Metropolis.

Wieland, J. (2002): Corporate Citizenship. Gesellschaftliches Engagement – unternehmerischer Nutzen. Marburg: Metropolis.

Wieland, J. (2005a): Governanceethik und moralische Anreize. In: Beschorner, Th./König, M./Schumann, O.J. et al. (Hg.): Wirtschafts- und Unternehmensethik. Rückblick, Ausblick, Perspektiven. München und Mering: Hampp.

Wieland, J. (2005b): Normativität und Governance. Marburg: Metropolis (Reihe „Studien zur Governanceethik", Band 3).

Wieland, J. (2006): Die Tugend der Governance. Marburg: Metropolis (Reihe „Studien zur Governanceethik", Band 4).

Wittgenstein, L. (1967): Philosophische Untersuchungen. Frankfurt: Suhrkamp.

Das Management moralischer Interessen

Zur Praxisrelevanz von Tugenden in der Wirtschafts- und Unternehmensethik

Michael Schramm

Für viele Zeitgenossen wirkt der Ausdruck ‚Tugend‘ gegenwärtig reichlich altbacken. Bereits 1935 schrieb Paul Valéry, das Wort habe „einen leicht lächerlichen Klang" und sei „nur noch im Katechismus, in der Posse [...] und in der Operette anzutreffen."[1] Dieser (vermeintliche) Funktionsverlust der Tugend (des Individuums), den manche als Werteverfall, andere aber als logische Konsequenz der funktionalen Differenzierung moderner Gesellschaften ansehen, löst auch in Ethikdebatten unterschiedliche Reaktionen aus: Während die einen Krokodilstränen angesichts dieses ‚Verlustes der Tugend‘ vergießen[2], wird der Relevanzverlust der klassischen Tugendethik von anderen angesichts der Bedingungen der Moderne ausdrücklich proklamiert, so etwa von Karl Homann: „Das Paradigma der Ethik wird von der ... Tugendethik auf eine ... Ordnungsethik umgestellt. ... Moral erscheint ... nicht mehr ... als Tugend, sondern als (rechtliche) Restriktion."[3] Die Tugend scheint also in Schwierigkeiten geraten zu sein.

Dennoch neige ich zu der Auffassung, dass zwar das Wort etwas verstaubt klingen mag, dass dem Thema Tugend *der Sache nach* aber eine

---

[1] Valéry 1935, S. 659 und 660.

[2] So schreibt MacIntyre in seinem Buch über den ‚Verlust der Tugend‘: „[W]ir haben zu einem großen Teil, wenn nicht sogar völlig, unser Verständnis, theoretisch wie praktisch, oder unsere Moral verloren" (1987, S. 15).

[3] Homann 1993, S. 34 f.

nicht zu unterschätzende Relevanz für die Unternehmensethik zukommt. Allerdings bedarf es – wie sollte es anders sein – eines *differenzierten* Tugendkonzepts, um die moralökonomischen Aspekte der Unternehmenspraxis angemessen rekonstruieren zu können.

1. Fallbeispiel: Enron Corporation

Um die Anwendungsrelevanz eines differenzierten Tugendkonzepts zu dokumentieren, gehe ich von einem konkreten Fallbeispiel aus: dem Aufstieg und Niedergang der Enron Corporation:[4]

Am 2. Dezember 2001 meldete eines der erfolgreichsten Unternehmen der USA Konkurs an: die Enron Corporation. Was sich in den folgenden Monaten offenbarte, war ein ökonomisches und ethisches Desaster.

(1) Die Firma. 1985 verkündeten Kenneth Lay (von Houston Natural Gas) und Sam F. Segnar (von InterNorth) den Merger, der die Enron Corporation begründete. War Enron ursprünglich nur Houstons lokaler Energielieferant (Erdgas), so entwickelte der Leiter der Abteilung ,Enron Finance Corporation', Jeffrey Skilling, Anfang der 90er Jahre die Geschäftsidee, Enron zu einem Energie-Broker umzuwandeln, das heißt mit Energie und anderen Waren auf eine Weise Geschäfte zu machen, wie die Wall Street mit Kapital Geschäfte macht. Enron begann, mit Erdgas-Derivaten (Terminkontrakten usw.) zu handeln und entwickelte sich so zu einem „market maker" für Erdgas (wobei Enron nicht nur diesen Sekundärmarkt kreierte, sondern ihn auch dominierte). Der 1996 zu Enrons Chief Operating Officer ernannte Skilling sowie der von ihm bereits 1990 angestellte Andrew Fastow (CFO) überzeugten 1996 den Chief Executive Officer Kenneth Lay davon, dass das ,gas bank'-Modell (der future contracts usw.) auch auf andere commodities (wie Wasser, Stahl, Kohle und sogar Wetter) anwendbar sei. Aus einem lokalen Erdgaslieferanten war in wenigen Jahren eines der führenden Unternehmen der New Economy geworden. 1999 wurde EnronOnline (EOL) ins Leben gerufen: ein digitaler Second-hand-Markt für mittlerweile etwa 1.800 verschiedene Produkte. Insgesamt wurde Enron so zu dem shooting star der New Economy: Im Jahr 2000 war Enron das siebtgrößte Unternehmen der USA mit 22.000 Mitarbeitern, einem (ausgewiesenen) Umsatz von 101 Milliarden US-Dollar und einem Gewinn von 1 Milliar-

---

[4] Ich danke Andreas Suchanek und Gernot Stellberger für nützliche Hinweise.

de US-Dollar. Allein während des Jahres 2000 verdoppelte sich der Aktienkurs des Unternehmens.[5]

(2) Der Absturz. Im Jahr 2001 allerdings erfolgt der abgrundtiefe Absturz: Die Enron-Aktie fällt von 79,88 US-Dollar (2. Januar 2001) auf 67 Cent (10. Januar 2002). Etwa 4.000 Mitarbeiter verlieren unmittelbar ihren Arbeitsplatz (am 3. Dezember 2001); tausende werden ihnen in den Monaten darauf folgen. Die betrieblich gewährleisteten Pensionsansprüche, die viele Mitarbeiter in Form von Aktien besaßen (= 401K-Pensionsfonds[6]), lösen sich in Nichts auf.[7] Am 2. Dezember 2001 meldet Enron Konkurs an.

(3) Enron Capitalism. Am 27. Januar 2002 beginnen in Washington die Kongressanhörungen zum Fall Enron. Sie werden spektakuläre Bilanzmanipulationen zu Tage fördern und zum Beispiel dem früheren Enron-CFO Andrew Fastow eine 10-jährige Haftstrafe bescheren.

(3.1) ‚Run on the Bank‘. Jeffrey Skilling erklärte den Absturz Enrons am 7. Februar 2002 vor dem Subcommittee on Oversight and Investigations folgendermaßen: „[I]t is my belief that Enron's failure was due to a classic run on the bank – a liquidity crisis spurred by a lack of confidence in the company. At the time of Enron's collapse, the company was solvent, and the company was highly profitable, but apparently not liquid enough. That is my view of the principal cause of the failure. ... At the time I left the company, I fervently believed that Enron would continue to be successful in the future. I did not believe the company was in any

---

[5] Enron galt nicht nur als außerordentlich kreditwürdig, sondern vor allem als eines der innovativsten Unternehmen Amerikas. Enron wurde von 1996 bis 2001 auf Platz 1 der Fortune-Liste der „America's most innovative companies" gewählt, vor allem im Hinblick auf Revolutionierung des Handels mit Energie (‚market maker‘). ‚The Economist‘ kürte Kenneth Lay am 1. Juni 2000 zum ‚Energetic Messiah‘, und ‚Business Week‘ feierte Jeff Skilling als ‚Power Broker‘.

[6] Der Name 401K-Pensionsfonds beruht auf dem entsprechenden Gesetzesparagraphen. Bei Enron waren etwa 47 % der 401K-Ersparnisse von Enron-Mitarbeitern in Enron-Aktien angelegt. Der Haken für die Mitarbeiter: Vielfach dürfen diese Aktien (teilweise Aktiengeschenke) nicht wieder verkauft werden, bevor der Mitarbeiter 50 Jahre alt ist. Auch Enron hatte für alle Mitarbeiter ein Verkaufsverbot verhängt (zwischen Oktober und November 2001).

[7] So schrumpfte z.B. der Wert des Aktiendepots der Mitarbeiterin Janice Farmer von rund 700.000 US-Dollar im November 2000 auf 20.418 US-Dollar im November 2001.

imminent financial peril."[8] Diese Erklärung versucht die Geschehnisse bei Enron als ganz normalen Vorgang im Rahmen der Regeln des modernen Kapitalismus darzustellen: Genauso wie eine Bank aufgrund der (etwa durch die ‚multiple Giralgeldschöpfung' gegebenen) nur teilweisen Deckung der Giralgelder durch Bargeld bei einem ‚run on the bank' (= Versuch der Kontoinhaber, sich ihre Giralguthaben in bar auszahlen zu lassen) bei weitem nicht liquide genug wäre, aber ohne ‚run on the bank' durchaus ganz normal funktionieren kann, so hätte auch Enron weiterhin ganz normal seinen Geschäften nachgehen können, wenn nicht durch Skeptiker in den Medien das Misstrauen geschürt und der nachfolgende ‚run on the bank' (= Verkauf und Verfall der Enron-Aktie) vermieden worden wäre.

(3.2) Overpriced? Nun hat Whistleblowerin Sherron Watkins dieser Diagnose Skillings ausdrücklich zugestimmt.[9] Die entscheidende Frage aber war natürlich die, ob der ‚run on the bank' nur Hysterie (Skilling) oder ökonomisch berechtigt (Watkins) war. Tatsächlich keimte – unter anderem auch aufgrund bekannter Misserfolge Enrons in Einzelbereichen (Breitband-Datenleitungen, Wasser) und des sonstigen Abwärtssogs der New Economy (Fallen des Nasdaq Composite Index seit dem März 2000) – eine zunehmende Skepsis hinsichtlich der ökonomischen Substanz Enrons auf. So stellte beispielsweise am 5. März 2001 im Fortune Magazine die Journalistin Bethany McLean die simple Frage, wie genau Enron eigentlich so viel Geld mache: „Is Enron Overpriced?"[10] Die Enron-Aktie begann zu fallen.

(3.3) Jede Menge fiction! Der ‚run on the bank' war den ökonomischen Tatsachen bei Enron durchaus angemessen, denn aufgrund der ‚kreativen' (oder aggressiven) Bilanzmanipulationen waren die ökonomischen Erfolgsdaten Enrons zu einem guten Teil nichts anderes als fiction:

- Enrons aggressive Nutzung des ‚mark-to-market accounting'[11] bewegte sich vielleicht noch im Rahmen des Legalen, war aber – so

---

[8] Committee On Energy And Commerce House Of Representatives 2002a, S. 46 f.

[9] „I think Mr. Skilling is correct that what killed the company was a run on the bank." (Sherron Watkins am 26. Februar 2002, in: New York Times 2002).

[10] McLean 2001.

[11] „Erträge aus mehrjährigen Geschäften wurden sofort gutgeschrieben", das heißt: Enron ging dazu über, „Finanzanlagen wie z.B. börsenfähige Wertpapiere, Derivate und Finanzverträge zu ihrem aktuellen Marktwert in der Bilanz eines Unternehmens

etwa Paul Krugman – ökonomisch nicht durch einen Terminmarkt gedeckt und insofern auch ethisch nicht vertretbar.[12]

– Fiction produzierte vor allem aber die Einrichtung von ‚special purpose entities' (SPEs) bzw. ‚special purpose vehicles'.[13] Hierbei ist die Tatsache zu beachten, dass solche SPE-Unternehmen nach den amerikanischen Buchhaltungsregeln (den Generally Accepted Accounting Principles = US-GAAP) dann als externe Unternehmen gelten und in Enrons Jahresabschluss (balance sheet) nicht mehr genannt werden müssen, wenn mindestens 3 % des Kapitals kein Eigenbesitz Enrons sind.[14] Diese SPE-Konstruktion nutzte Enron nun zu zwei unterschiedlichen Zwecken: erstens, um in der Bilanz Kapitalzuflüsse ausweisen und Verluste ‚verstecken' zu können[15], und zweitens für ein Phantom Hedging von Risiken.[16]

---

auszuweisen, auch wenn die Barmittel möglicherweise erst nach vielen Jahren realisiert werden." (Lawrence 2002, S. 12-14).

[12] „There are certain cases in which companies are allowed to use ‚mark to market' accounting, in which they count chickens before they are hatched – but normally this requires the existence of a market in unhatched eggs, that is, a forward market in which you can buy or sell today the promise to deliver goods at some future date. There were no forward markets in the services Enron promised to provide; extremely optimistic numbers were simply conjured up out of thin air, then reported as if they were real, current earnings. And even if this was somehow legal, it was grossly unethical." (Krugman 2002, S. 29).

[13] Enron initiierte 1993 zusammen mit dem (Lehrer-)Pensionsfonds CalPERS die ‚Joint Energy Development Investment L.P.' (kurz: JEDI), um in Erdgasprojekte zu investieren. Als CalPERS 1997 ausstieg, ersetzte Fastow CalPERS durch die ‚special purpose entitiy' (SPE) ‚ChewCo Investments L.P.' (kurz: ChewCo).

[14] Bei ChewCo etwa spielte Michael Kopper, eigentlich ein Mitarbeiter Fastows, mit privatem Kapital diesen ‚externen' Investor.

[15] Enron kreiert eine SPE (z.B. ChewCo), ein ‚outside lender' (Kreditgeber, z.B. eine Bank) lässt 97 % des Firmenkapitals cash zufließen, der ‚outside investor' schießt 3 % des SPE-Kapitals zu (z.B. erwirbt Enron-Manager Michael Kopper privat einen 3-prozentigen Anteil an ChewCo). Enron verkauft nun (verlustbringende) assets (z.B. ein Kraftwerk) an die SPE, ‚kreiert' so earnings in der eigenen Bilanz, muss aber die ganzen Schulden der SPE im eigenen Jahresabschluss nicht aufführen. Die Bilanz Enrons suggeriert, dass das Unternehmen finanziell gut aufgestellt ist, während die SPEs zu Fußnoten schrumpfen.

[16] 1998 begann Enron, in den Internet Service Provider Rhythms NetConnections Inc. (Rhythms) zu investieren. In diesem Zusammenhang kreierte Fastow einen

– Zu den ökonomischen fiction-Kreationen Enrons passt auch die Tatsache, dass die Namen der SPEs zu einem guten Teil fiction-Filmen entnommen wurden (z.b. die Raptors aus Jurassic Park) und die gesamte Enron-Kultur stark von der StarWars-Science-Fiction beeinflusst war: Das Headquarter der Firma wurde ‚Death Star‘ genannt (nach dem Todesstern der ‚Dunklen Seite der Macht‘ in StarWars), die 1993 von Enron zusammen mit dem (Lehrer-)Pensionsfonds CalPERS initiierte Investmentgesellschaft hieß ‚JEDI‘ (nach den Jedi-Rittern), und Jeff Skilling schließlich wurde von den Enron-Angestellten hinter geschlossenen Türen als ‚Darth Vader‘ bezeichnet (also nach dem Oberbösewicht der ‚Dunklen Seite der Macht‘).

(4) Enron Ethics. Im Hinblick auf die unternehmens- und wirtschaftsethischen Aspekte des Absturzes ist zunächst zu konstatieren, dass sich Enron wie fast alle US-amerikanischen Unternehmen durchaus einen Code of Conduct gegeben hatte und sich verbal zu moralökonomischen

zweiten SPE-Typus (die sog. ‚Raptors‘), dessen Zweck ein vorgetäuschtes Hedging von Enron-gesteuerten Investment-Partnern (LJM Cayman L.P.; LJM2 Co-Investment L.P.) war. Der Zweck eines normalen Hedgings besteht darin, das Risiko eines Geschäfts durch ein zweites ‚gegenläufiges‘ (Ergänzungs-)Geschäft auszugleichen und damit eine (Schutz-)‚Hecke‘ zu bilden. Ein normales Hedging liegt auch dann vor, wenn ein Unternehmen das Risiko einer Investition durch eine ‚Hecke‘ absichern möchte. Dabei schließt es z.B. einen Vertrag mit einer Fondsgesellschaft, die mit Hedgefonds spekuliert. Das Unternehmen bezahlt die externe Fondsgesellschaft, und die Gegenleistung ist die Übernahme des ökonomischen Risikos der Investition (= die spekulierende Fondsgesellschaft begleicht für den Fall, dass die Erlöse der Investition niedriger ausfallen, die Differenz). Die Sicherungs-‚Hecke‘ ist das externe Kapital der spekulierenden Fondsgesellschaft. Bei Enron bestand der Zweck der ‚Raptors‘ nun darin, das Risiko zu hedgen, dass der Preis des stock von Rhythms sinken würde, das heißt es ging darum, Enrons Investition in Rhythms auf jeden Fall als profitabel darzustellen. Doch die Raptor-hedge war nur eine phantom hedge: Denn die Rolle des speculators, der im Normalfall das Investitionsrisiko durch sein externes Kapital hedgen kann, übernahm in den Konstruktionen Fastows ein Raptor, also eine Briefkastenfirma Enrons. Die Sicherungs-‚Hecke‘ wurde daher nicht durch externes Kapital gebildet; vielmehr bestand das Raptor-Vermögen im Wesentlichen aus Enron-Aktien (Enron stock oder Enron stock options). Das wurde nur optisch dadurch verschleiert, dass das Kapital der Raptors von ‚outside investors‘ kam (die aber in Wahrheit Enron-Executives waren). Das heißt: Es existierte überhaupt keine wirklich schützende ‚Hecke‘. „In effect, Enron was hedging risk with itself.“ (Powers/Troubh/Winokur 2002, S. 97).

Werten bekannte (Our Values[17]). Das Problem war aber, dass diese Worte im realen Unternehmensalltag nicht gerade mit Leben erfüllt wurden, so dass der Begriff ‚Enron Ethics' mittlerweile zu einem ironisch verwendeten Ausdruck wurde: „Enron Ethics ... reads like the new catchword for the ultimate contradiction between words and deeds, between a deceiving glossy facade and a rotten structure behind, like a definite good-bye to naive business ethics."[18]

Welchen moralökonomischen Aspekten kann nun aus Sicht einer nicht-naiven Unternehmensethik eine praxisrelevante Rolle zugeschrieben werden? Und welche Funktion kommt hier Tugenden oder Untugenden zu?

(4.1) Culture of Rule-Breaking. Skilling und Fastow arbeiteten seit Beginn der 90er Jahre daran, aus Houstons lokalem Energielieferanten einen Energie-Broker zu machen. Mit diesem Ausbruch aus den Fesseln der Provinz verbanden Skilling und Fastow die Vorstellung einer Unternehmenskultur, die man als ‚competitive culture', als ‚culture of cleverness' oder als ‚culture of rule-breaking' bezeichnen kann.[19] Der Ausdruck ‚breaking the rules' umschreibt hier zunächst eine Wertvorstellung, die auf das ‚sportliche' Brechen ökonomischer Weltrekorde abzielt. Sherron Watkins (früher Vice President of Corporate Development bei Enron), die sich in den Hearings Anfang 2002 als whistle blower verdient gemacht hat, umschreibt die Unternehmenskultur folgendermaßen: „And the culture in Enron was voted most innovative. It was voted one of the best places to work. It was the job to have in Houston. The atmosphere was electric. It was fun. You were surrounded by bright people, ener-

---

[17] So heißt es im Enron Annual Report von 1998: „Our Values. RESPECT We treat others as we would like to be treated ourselves. We do not tolerate abusive or disrespectful treatment. Ruthlessness, callousness and arrogance don't belong here. COMMUNICATION We have an obligation to communicate. Here, we take the time to talk with one another ... and to listen. We believe that information is meant to move and that information moves people. INTEGRITY We work with customers and prospects openly, honestly and sincerely. When we say we will do something, we will do it; when we say we cannot or will not do something, then we won't do it. EXCELLENCE We are satisfied with nothing less than the very best in everything we do. We will continue to raise the bar for everyone. The great fun here will be for all of us to discover just how good we can really be." (Enron 1998).

[18] Sims/Brinkmann 2003, S. 243.

[19] Ebd. (an mehreren Stellen).

gized to change the world. You felt somewhat invincible. And, yes, people were arrogant, and it was – did have a trader kind of mentality that was sometimes tough to live with. But it was always a fun place to work."[20] Enron schuf eine Firmenkultur, in der jeder Mitarbeiter aufgefordert war, Grenzen auszutesten, zu erweitern, zu überschreiten. „Skilling actively cultivated a culture that would push limits – ‚Do it right, do it now and do it better' was his motto."[21]

(4.2) US-amerikanische Moralkultur als Hintergrund. Dass Skilling und Fastow genau *dieses* Verständnis von Unternehmenskultur verfolgten und umzusetzen trachteten, hängt nicht nur an ihren individuellen Überzeugungen oder (Wert-)Präferenzen, sondern auch an den kulturellen Vorstellungen der US-amerikanischen Gesellschaft, die eine solche ökonomisch orientierte ‚culture of cleverness' eher begünstigen dürfte als andere Moralkulturen.[22]

(4.3) ‚Transition from legitimate to not legitimate'. Die zunächst nur auf das ‚sportliche' Brechen ökonomischer Weltrekorde abzielende Zielvorstellung des ‚Grenzen-Testens' oder des ‚breaking the rules' wurde nun offensichtlich nicht ausbalanciert durch etwaige ethische Ressourcen oder Anstrengungen. Von daher erklärt sich eine ‚slippery slope', die zu fließenden Übergängen führte: ‚breaking the rules' bedeutete zunehmend nicht mehr nur das clevere Brechen ökonomischer Weltrekorde, sondern mehr und mehr das Brechen von Integritätsgrenzen (moralischer, ökonomischer und juristischer Art). Im Hearing vom 14. Februar 2002 thematisierte Chairman James C. Greenwood diese transition folgendermaßen: „Ms. Watkins, when we spoke yesterday you described that in your earlier days working for Mr. Fastow, the special purpose entities were basically legitimate. ... [G]radually, largely directed by Mr. Fastow, the rules of the game began to change, and the legitimacy of these

---

[20] Sherron Watkins am 14. Februar 2002, in: Committee On Energy And Commerce House Of Representatives 2002b, S. 46 f. Das erfolgsverwöhnte Gefühl der Unbesiegbarkeit paarte sich mit einem arroganten Gefühl der Überlegenheit, der überlegenen Cleverness: „Enron is a very arrogant place, with a feeling of invincibility. And I am not certain people felt like it was that imminent. They just felt like Mr. Fastow, along with the accountants, would come up with some magic in the future." (Sherron Watkins, ebd., S. 21).

[21] Sims/Brinkmann 2003, S. 245.

[22] Die Wurzeln dieser Moralkultur liegen im Arbeits- und Erwerbsethos des Puritanismus.

entities and partnerships began to be stretched until finally we end up with something like the Raptors, which seem to serve no legitimate, and perhaps not even a legal, purpose. It seemed to me that the difficulty was that the corporate culture was slowly acclimated to this transition from what was quite legitimate, to what was clearly not legitimate."[23] Die Transaktionen Enrons bewegten sich also in einer Grauzone, die gewissermaßen immer dunkler wurde. Gleitende Übergänge verwässerten den Sinn für die moralökonomische Integrität der Bilanzierungsalchemie.

(4.4) Make Money. Schlussendlich bestand die Geschäfts-‚Moral‘ bei Enron im Brechen jedweder Integritätsgrenzen mit nur einem einzigen magischen Ziel: making money. Ein früherer Enron Vice President fasst die Geschäfts-‚Moral‘ zusammen: „The moral of this story is break the rules, you can cheat, you can lie, but as long as you make money, it's all right."[24]

(4.5) Ratten. Die führenden Enron-Manager setzten diese Fixierung auf das money-making auch auf Kosten der Unternehmensinteressen um, da sie selbst zum Absturz der Enron-Aktie beitrugen: Beispielsweise hatte Fastow die Dinge so geregelt, dass die Investment-‚Partner‘ LJM und LJM2 (die ebenfalls Kreationen Fastows waren) aufgrund des Hedgings durch die ‚Raptors‘ mit eigenen Enron-Aktien ‚abgesichert‘ waren. Solange Enrons Kurs stieg, konnte Fastow durch Ausgabe neuer Aktien erfolgreich Liquidität zuschießen. Als Anfang 2001 die Enron-Aktie dagegen zu sinken begann, verstärkte Fastow durch diese Methode zwangsläufig den Trend und verwässerte damit den Aktienwert (‚stock dilution‘). Auch Kenneth Lay empfahl noch im September 2001 offiziell den Mitarbeitern, die Aktie ‚hochzureden‘[25], hatte zu diesem Zeitpunkt selbst aber bereits in großem Stil private Enron-Aktien verkauft (2001 insgesamt Enron-Anteile für rund 100 Mio. US-Dollar). Ähnlich gingen auch Skilling und Fastow vor. Die Ratten verließen insgeheim schon das Schiff.

(4.6) ‚Bossism‘. Diese win-at-all-costs-Mentalität konkretisierte sich vor dem Absturz unter anderem in den halbjährlichen rank-and-yank-Sitzungen (‚Sortieren und Eliminieren‘), in denen die ökonomischen Wer-

---

[23] Committee On Energy And Commerce House Of Representatives 2002b, S. 17.

[24] Schwartz 2002.

[25] „Ich möchte Ihnen versichern, dass ich die Zukunftsperspektiven des Unternehmens heute positiver denn je einschätze", so Lay am 14. August 2001.

tigkeiten der Mitarbeiter in eine Rangliste gebracht und die unteren 15 %
der Angestellten gefeuert wurden. Mit Maßnahmen dieser Art machte
Skilling aus der ‚culture of cleverness' zunehmend „eine sozialdarwinistische Firmenkultur."[26] Im Hearing vom 26. Februar 2002 bezeichnete
Senator Max W. Cleland diese Firmen(un)kultur treffend als ‚bossism':
„Ms. Watkins .... You've described Enron leadership – the leadership
culture there as 'arrogant and intimidating' .... One of the problems that I
saw initially with the Enron leadership was, ... that – and combat officers
eat last – in this mortal combat of economic competition it seemed that
the Enron officers ate first. This whole culture of intimidation or
arrogance, covert operations, off-the-books – this whole sense of not
leadership, but 'bossism', do you think that got Enron in trouble?"[27]
Watkins' Antwort: „Yes, I do."[28] Skillings ‚bossism' arbeitete unter
anderem, so Sherron Watkins im Mai 2004, mit dem Mittel ‚intellektueller Einschüchterung': „Jeffrey Skilling hatte tatsächlich eine magneti-
sche und charismatische Art .... Skilling hatte bei Enron eine ganze Reihe
von glühenden Verehrern. Auch wenn er skandalöse Dinge ohne ökonomischen Sinn sagte, seine Anhänger folgten ihm. ... Die Strategie der
Einschüchterung von Jeff Skilling war sehr einfach. Wenn jemand Zweifel äußerte, antwortete er meistens mit dem Satz ‚Sie haben es nicht
kapiert.' Es war also eine Art von intellektueller Einschüchterung."[29] Die
Unternehmensatmosphäre war in der Konsequenz einerseits eine elektri-
sierte Atmosphäre, gleichzeitig aber auch „eine Atmosphäre der
Angst."[30]

(4.7) Moral als ‚job terminating move'. In einer solchen Unternehmensatmosphäre der Angst wird die Luft für individuelle Tugend denk-
bar dünn. Als sich Sherron Watkins am 15. Oktober 2001 – einen Tag
nachdem Jeffrey Skilling überraschend als CEO zurückgetreten war –
dennoch dazu durchrang, einen Brief an CEO Ken Lay zu schicken, in
dem sie ihre Befürchtung begründete, dass Enron „will implode in a

---

[26] Schweitzer 2004.

[27] New York Times 2002.

[28] Ebd.

[29] Watkins 2004.

[30] So Sherron Watkins, zit. nach Schweitzer 2004.

wave of accounting scandals"[31], tat sie das (zunächst) anonym. In der Zeit davor, als Skilling noch CEO war, erschien ihr ein solcher Schritt sogar als ‚job-terminating': „I was not comfortable confronting either Mr. Skilling or Mr. Fastow with my concerns. To do so I believed would have been a job terminating move."[32] In einem bösartigen Umfeld ist nicht zu erwarten, dass moralisch qualifizierte Heldentaten individueller Akteure eine statistische Relevanz gewinnen können. Zwar sind andererseits Individuen auch nicht bloße Marionetten der situativen Restriktionen[33] – Watkins hat ja schließlich etwas unternommen –, dennoch dürften individuelle Akteure ohne stützende moralsensitive Organisations- und Institutionsstrukturen[34] schlicht überfordert sein. Und genau hierauf zielen einige juristische Reformschritte ab:

(4.8) Organisationsstrukturen. Der so genannte ‚Sarbanes-Oxley Act' (eigentlich: Corporate and Auditing Accountability, Responsibility, and Transparency Act of 2002) vom 31. Juli 2002 fordert hinsichtlich der Organisationsstrukturen, dass all jene Unternehmen, die der Aufsicht durch die Börsenaufsichtsbehörde ‚Securities and Exchange Commission' (SEC) unterliegen, offenzulegen haben, „whether or not they have adopted a code of ethics for senior financial officers, and if not, the reason

---

[31] „Enron has been very aggressive in its accounting .... I am incredibly nervous that we will implode in a wave of accounting scandals. ... [T]he business world will consider the past success as nothing but an elaborate accounting hoax." (Brief von Sherron Watkins an Kenneth Lay vom 15. August 2001; Quelle: http://energy commerce.house.gov/107/Hearings/02072002hearing485/tab17.pdf).

[32] Committee On Energy And Commerce House Of Representatives 2002b, S. 15.

[33] Diese Situationsrestriktionen abzubilden ist der methodische Zweck des ‚homo oeconomicus': „Es sind nicht die wirklichen Eigenschaften der wirklichen Akteure, die im Kontext des homo oeconomicus abgebildet werden, sondern Eigenschaften von Handlungssituationen" (Zintl 1989, S. 64). In diesem Sinn auch Homann 1994 und Schramm 1996. Im Extremfall, nämlich dem, dass die gesamte Menschheit nur aus reinen Moralheiligen bestehen würde, könnte der ‚homo oeconomicus' die Situationsbedingungen korrekt abbilden, ohne dass sich ein wirklicher Mensch entsprechend verhalten würde.

[34] Zur Unterscheidung vgl. die Definitionen von Douglass C. North: „[I]nstitutions are the rules of the game in a society or, more formally, are the humanly deviced constraints that change human interaction" (North 1990, S. 3), während er Organisationen als „groups of individuals bound by some common purpose to achieve objectives" (ebd., S. 5) definiert.

therefore."[35] Natürlich ist das bloße Vorhandensein eines ‚Code of Ethics' noch nicht der entscheidende Punkt; vielmehr muss er durch unternehmensethische Tools auch zum Leben erweckt werden.[36]

(4.9) Institutionelle Strukturen. Schließlich wurden auch einige Reformschritte im Hinblick auf die institutionellen Strukturen (die gesellschaftlichen Spielregeln) realisiert. Beispielsweise ist es laut dem ‚Sarbanes-Oxley Act' nunmehr den Wirtschaftsprüfern untersagt, gleichzeitig als Berater für dasselbe Unternehmen tätig zu sein[37]; zudem sollen die Bilanzprüfer durch eine neu geschaffene Institution, das ‚Public Company Accounting Oversight Board' (PCAOB), überwacht werden. Des Weiteren regte zum Beispiel die Senatorin Barbara Boxer (Kalifornien, Demokraten) an, den Anteil von Firmenaktien im Rahmen eines 401K-Kontos auf maximal 20 % zu beschränken.

2. Self-enforcement der Moral durch Tugend
(oder der Unmoral durch Untugend)

Ausgehend vom eben skizzierten Fallbeispiel Enron möchte ich nun einige systematische Konsequenzen im Hinblick auf ein (differenziertes) Tugendkonzept innerhalb der Wirtschafts- und Unternehmensethik erörtern.

Zunächst einmal zeigt ein Rückblick auf das traditionelle Konzept der Tugend (gr. αρετη; lat. virtus), dass man einen materialen von einem formalen Aspekt der Tugend unterscheiden kann:

(1) Der materiale Aspekt konkretisiert sich in der Aufzählung und Zuordnung inhaltlich unterschiedlicher Tugenden (Tugendkataloge), die jeweils ein ‚Gutes' realisieren. Nun wird man den allermeisten der traditionell benannten Tugenden auch heute noch einiges abgewinnen können, und auch der μεσοτης-Gedanke bei Aristoteles hat nach wie vor eine

---

[35] Ernst & Young 2002, S. 6.

[36] Hierzu nach wie vor: Wieland 1993; aber auch: Ulrich/Lunau/Weber 1999.

[37] Bei Enron waren von der die Buchprüfungsgesellschaft Arthur Andersen LLP Prüfer- und Beratungsdienste aus einer Hand geliefert worden; so kassierte Arthur Andersen 2001 25 Millionen US-Dollar für die Bilanzprüfungen und zusätzlich Beraterhonorare von 27 Millionen US-Dollar; die durch die Beratertätigkeit bedingte Verwicklung in den Unternehmenserfolg trug dazu bei, dass die Buchprüfung nicht mehr unabhängig erfolgte.

nicht geringe Plausibilität für sich.[38] Dennoch aber gibt es in den pluralistischen Gesellschaften der Moderne keinen definierten Konsens über ein praktikables Tugendranking (so Josef Wieland). Der genaue Stellenwert unterschiedlicher Tugenden ist aufgrund der Subjektivierungsprozesse der Moderne kontingent geworden. Platons Anbindung spezifischer Tugenden an bestimmte Seelenteile wird man so heute nicht unbedingt übernehmen (können), aber auch die konkreten Aufzählungen der (Kardinal-)Tugenden bei Platon (Maßhaltung, Tapferkeit, kluge/einsichtige Weisheit sowie Gerechtigkeit) oder Aristoteles[39] dürften in genau *dieser* Ausgestaltung als nicht unbedingt zwingend erscheinen. Gleiches gilt für die Gliederung in Primär- und Sekundärtugenden und ähnliche Einteilungen.

(2) Der *formale* Aspekt des Tugendgedankens hingegen besitzt meines Erachtens auch in modernen Gesellschaften mehr denn je Anwendungsrelevanz. Worin besteht er? Wie funktioniert Tugendhaftigkeit in formaler Hinsicht? In moderner Terminologie kann man die formale Funktion der Tugend darin sehen, dass sie die *Tendenz* zu einem self-enforcement des Guten, der Moral begründet (was noch nicht heißt, dass sie unter jedweden Bedingungen zur Geltung gebracht wird). So erklärt Aristoteles beispielsweise zur (individualethischen) Tugend der Tapferkeit individueller Akteure: „[W]enn wir es [= tapfer] geworden sind, so werden wir ... am leichtesten das Schreckliche aushalten können."[40] Der Punkt ist: Das Tugendhafte ist keine Eigenschaft einer einzelnen Handlung, sondern eine *habituelle Disposition*, die die einzelnen Handlungen präformiert. Im klassischen Individualkonzept ist die Tugendhaftigkeit eine (erworbene) Haltung (gr. 'εξις; lat. habitus), die darin besteht, dass man

---

[38] Aristoteles konzipiert jede ethische Tugend als die Mitte (μεσοτης) zwischen zwei Extremen: „Die Mitte liegt aber zwischen zwei Schlechtigkeiten, dem Übermaß und dem Mangel. ... Darum ist die Tugend hinsichtlich ihres Wesens und der Bestimmung ihres Was-Seins eine Mitte, nach der Vorzüglichkeit und Vollkommenheit aber das Höchste" (Aristoteles 1984, S. 82 = NE II, 1107). Konkret etwa: „Bei Furcht und Mut ist die Tapferkeit die Mitte. ... Bei Geben und Nehmen von Geld ist die Mitte die Großzügigkeit, Übermaß und Mangel sind Verschwendung und Kleinlichkeit" (ebd., S. 92 = NE II, 1107). *Ethische* Tugenden sind also immer eine Mitte, dagegen kann es bei den (dianoetischen) *Verstandes*tugenden nur ein Zuwenig geben.

[39] Vgl. zu Aristoteles das Schaubild bei Anzenbacher 1992, S. 142.

[40] Aristoteles 1984, S. 84 (= NE II, 1104 b 1).

das Gute (was immer das nun inhaltlich sei) *mit Leichtigkeit* tun kann. In der individuellen Tugend vereinigen sich daher die Bereitschaft (= das Vorhandensein eines moralischen Interesses) und die individuelle Fähigkeit (im Sinn einer erworbenen Ressource oder – modern gesprochen – eines Humankapitals) zur Tendenz, das Gute mit Leichtigkeit zu tun (und dadurch auch immer mehr selber gut zu werden).

Es ist nicht erstaunlich, dass dieser formale Aspekt der Tugend für das dunkle Gegenstück der Tugend, also die *Untugend* oder das Laster, gleichermaßen gilt: Auch hier werden Handlungen mit einer habituellen Leichtigkeit vollzogen; allerdings wird nun nicht das Gute, sondern das Böse mit Leichtigkeit getan. Ein Killer beispielsweise ist nicht – wie wir ‚normalen‘ Leute – zögerlich, hat keine Skrupel, jemanden um die Ecke zu bringen, sondern vollbringt sein Werk ohne Probleme, eben mit einer moralentlasteten Leichtigkeit. Auch bei der Untugend oder dem Laster vereinigen sich die Bereitschaft (= das Vorhandensein irgendeines Interesses) und die individuelle Fähigkeit (= die Professionalität des Killers oder sein Killer-Humankapital) zu einem self-enforcement der Unmoral durch Untugend. Das Fallbeispiel Enron macht diesen Faktor des self-enforcements hinreichend deutlich:

Initialer Faktor für die schlussendlich bestehende Unternehmens(un) kultur dürfte die schrittweise transition in den Selbstbindungen (IS) Skillings und Fastows gewesen sein. Sie verloren zunehmend den Sinn für die moralökonomische Inakzeptabilität der Bilanzierungsalchemie Enrons. In ihrer Wahrnehmung wurden die Bilanzierungsmethoden schlicht immer komplexer und cleverer, erschienen aber nicht (mehr) als illegitim. So erklärte Sherron Watkins am 14. Februar 2002 bei dem House Hearing: „I think that certain people at Enron thought that these [Raptor vehicles …] were complex but clever, and that they were legitimate.“[41] Als sachlichen Grund für die vermeintliche Berechtigung dieser Sichtweise konstruierte man die Erwartung, dass die ‚kreativen‘ Bilanzmanipulationen ‚in the long run‘ legitim seien; denn unter der Bedingung einer stetigen Aufwärtsbewegung konnte man sich einreden, dass virtuelle Buchungen nur eine Vorwegnahme realer Gewinne in der Zukunft seien: „[B]ooking earnings before they are realized were rather 'early'

---

[41] Committee On Energy And Commerce House Of Representatives 2002b, S. 21. „[S]o many of them thought that somehow or other this was legitimate“ (ebd., S. 25).

than wrong. [...] Enron's decision makers saw the shuffling of debt rather as a timing issue and not as an ethical one. Clever people would eventually make everything right, because the deals would all be successful in the long run."[42] Die Zukunft fungierte als Bürge für die Realität von fiction, wobei die moralökonomische Problematik dieser Konstruktion auf der Hand liegt: „I gave Mr. Lay my opinion that it is never appropriate for a company to use its stock to effect its income statement."[43] Der tugendethische Punkt ist, dass aufgrund dieser transition in der Sichtweise, aufgrund dieser Gewöhnung[44] an das Wahrnehmungsmuster ‚rather early than wrong‘ die tatsächliche Umsetzung der Bilanzierungsalchemie mit immer größerer habitueller und moralentlasteter Leichtigkeit und Selbstverständlichkeit vollzogen werden konnte: ein self-enforcement der Unmoral durch Untugend. In einem Spiegel-Interview vom Mai 2004 erklärte Sherron Watkins diesbezüglich: „Jeder zweite Top-Manager eines Skandalunternehmens würde ohne Probleme einen Lügendetektor-Test bestehen. Die meisten von ihnen haben vollkommen verinnerlicht [= habitualisiert], dass sie nichts Unrechtes getan haben und nur existierende Regeln befolgten. Das führt dann zu einem Verhalten, wie Sie es bei Skilling beobachten können."[45]

Skilling und Fastow schufen aufgrund dieser transition ihrer eigenen Selbstbindungen (IS) Koordinations- und Kooperationsmechanismen des Unternehmens (OKK), die sich jeder Hinsicht auf das money-making verengten. Zunächst trifft das für die tatsächlichen Leitlinien der Unternehmenspolitik zu. Realiter galten nämlich keineswegs die in dem Code of Conduct angegebenen Werte, sondern ausschließlich die Geschäfts-‚Moral‘ des making money. In dem Spiegel-Interview vom Mai 2004 erklärte Sherron Watkins: „Es braucht nicht lange, bis eine Firmenkultur verdorben ist. Dazu müssen Sie nur einen Brief an die Mitarbeiter

---

[42] Sims/Brinkmann 2003, S. 245.

[43] Sherron Watkins, 14. Februar 2002, in: Committee On Energy And Commerce House Of Representatives 2002b, S. 16.

[44] Bei Aristoteles werden Tugenden durch *Gewöhnung* erworben: „Die Tugenden entstehen in uns also weder von Natur noch gegen die Natur. Wir sind vielmehr von Natur dazu gebildet, sie aufzunehmen, aber vollendet werden sie durch die Gewöhnung. [...] Die Tugenden [...] erwerben wir, indem wir sie zuvor ausüben" (Aristoteles 1984, S. 82 = NE II, 1103).

[45] Watkins (2004).

versenden, dass nichts zählt als das Erreichen von Gewinnzielen und dass es ganz egal ist, wie Sie das tun."[46]

In einem schrittweisen Gewöhnungsprozess führte diese Orientierung an einem uneingeschränkt monetären Vorteilskalkül dann auch zu organisationalen OKK, die nicht zu Unrecht als ‚bossism' oder als ‚sozialdarwinistische Firmenkultur' bezeichnet wurden. Besonders drastisch konkretisierte sich dies in den rank-and-yank-Sitzungen, welche einen enormen Druck auf die Mitarbeiter produzierten.

Die dergestalt ausgerichteten individuellen Selbstbindungen (IS) sowie die Koordinations- und Kooperationsmechanismen des Unternehmens (OKK) bedingten ein self-enforcement moralökonomischer Nicht-Integrität. Denn im Rahmen eines solchen Umfeldes werden zum einen ethische Legitimitätsgrenzen schrittweise in Grauzonen hinein gedehnt, bis selbst klar illegale Methoden als legitim erscheinen, und zum anderen wird die Luft für individuelle Tugend immer dünner, so dass jemand, der sich hier heldenhafterweise nicht ganz einfügt (wie etwa Sherron Watkins), als National Hero und als Woman of the Year gefeiert wird. Tugendhaftigkeit eines individuellen Akteurs – das war auch schon den meisten Tugendethikern seit Platon durchaus klar – stellt als solche noch keine Garantie dafür dar, dass das Gute auch tatsächlich getan wird bzw. getan werden kann, denn mit Ausnahme vollkommener Tugendheiliger – und als Theologe neige ich zu der Vermutung, dass Vollkommenheit eine überirdische Qualität ist – werden real existierende Akteure nur in einem (halbwegs) entgegenkommenden Umfeld ihre Tugendhaftigkeit umsetzen können.[47] Deswegen schreibt Aristoteles auch, dass wir als Tapfere dem Schreckliche vergleichsweise noch ‚am leichtesten' werden standhalten können, aber natürlich nicht in jedwedem Fall. Irgendwo ist auch der Tugendhafteste überfordert.

Die antike und mittelalterliche Tradition hat diese formale Funktion der Tugend(en) – also das self-enforcement der Moral durch Tugend(en)

[46] Ebd.

[47] Die Governanceethik „teilt [...] deren [der griechischen Tradition] Überzeugung, dass individuelle Tugend zu ihrer Generierung und Realisierung stets eines institutionellen Rahmens bedarf. So wie für Platon und Aristoteles die informalen (Brauch, Sitte) und formalen Institutionen (Recht) und die Organisationen der Polis (Staat, Hauswirtschaft) die Voraussetzungen jeder praxisrelevanten Tugendethik (IS) waren, so formuliert die Governanceethik genau diesen Zusammenhang als Funktion eines distinkten Governanceregimes." (Wieland 2004a, S. 4 f).

– *individual*ethisch konzipiert, das heißt (nur) ein personales Tugendkonzept entwickelt. Dennoch ist das formale Moment des self-enforcements, des (tendenziellen) sich-wie-von-selbst-Durchsetzens erwünschter Entscheidungen oder Prozesse, auch und gerade in funktional differenzierten Gesellschaften von Bedeutung. Der Philosoph Alfred N. Whitehead (den wiederum von Hayek zitiert) schreibt hierzu: „Es ist ein völlig irriger Gemeinplatz, der in allen Lehrbüchern und in Vorträgen hervorragender Leute immer wiederkehrt, daß wir die Gewohnheit entwickeln sollen, bewußt zu denken, was wir tun. Gerade das Gegenteil ist der Fall. Der Fortschritt der Zivilisation besteht darin, daß die Zahl der wichtigen Handlungen, die wir *ohne Nachdenken* [Hervorhebung M.S.] ausführen können, immer größer wird".[48] Dieses Zitat propagiert natürlich nicht blinde Willkür, sondern streicht heraus, dass eine (auch moralisch) zivilisierte Gesellschaft nur dann zu erwarten ist, wenn auf allen Ebenen für ein self-enforcement des (z.B. moralisch) Erwünschten Sorge getragen wird. Und das heißt meines Erachtens nichts anderes, als dass Tugendhaftigkeit – governanceethisch formuliert – in *allen* vier Argumenten der Governancefunktion realisiert sein muss, um Praxisrelevanz gewinnen zu können.

3. Funktionale Äquivalente. Die Ausdifferenzierung der Tugend

Das klassische Tugendkonzept ist wie gesagt *individualethischer* Natur, es geht um *personale* Tugenden. Zur Strukturierung der Problematik kann man Wielands Governancefunktion heranziehen, die bekanntlich lautet:[49]

---

[48] Das Zitat findet sich in Whiteheads ‚Introduction to Mathematics‘ (1911): „Civilization advances by extending the number of important operations which we can perform without thinking of them." Die deutsche Übersetzung entnehme ich von Hayek 1976, S. 117.

[49] Wieland 2001a, S. 9.

$$Tm_i = f (aIS_i, bFI_{ij}, cIF_{ij}, dOKK_i)$$

(a...d = −1, 0, 1; i = distinkte Transaktion; j = lokaler oder globaler Kontext; IS = individuelle Selbstbindung(en); FI = formale Institutionen der Gesellschaft; IF = informale Institutionen der Gesellschaft; OKK = Organisations-, Koordinations- und Kooperationsmechanismen)

Berücksichtigt man in dieser Governancefunktion nur die traditionelle, also individualethische Tugend, so ergibt sich als Koeffizientenmatrix:

Abb. 1: Koeffizientenmatrix der traditionellen Tugendethik

	IS_j, a =	FI_{ij}, b =	IF_{ij}, c =	OKK_i, d =
(trad.) Tugendethik	1	−1, 0	−1, 0	−1, 0

Quelle: Wieland 2004a, S. 4

Sowohl in vormodernen als auch in modernen (funktional ausdifferenzierten) Gesellschaften ist bloße Individualtugend (statistisch) zum Scheitern verurteilt. Vor 2000 Jahren war der Moraltank der Leute auch nicht größer als heute; auch damals waren die Menschen keine nur moralbewegten Lichtgestalten. Vielmehr wurde die Einhaltung moralisch erwünschter Standards schon immer durch ein vielfältiges Netz von institutionellen und organisatorischen Strukturen gestützt – unter anderem durch das Predigen tradierter Sittenvorstellungen, durch religiös etablierte Anschauungen (Himmelslohn, Höllenstrafen), durch religiöse oder politische Institutionen und Organisationen (Gesetze, Inquisition) oder durch eine allgegenwärtige face-to-face-Sozialkontrolle in Familie und Dorf.[50] Diese institutionelle und organisatorische Stützung tugendhaften Verhaltens war seinerzeit jedoch primär pragmatisch begründet: Weil die Menschen im Allgemeinen auch damals keine Moralengel waren, war es zweckmäßig, ihnen zusätzlich ,Hilfestellung' zu leisten,

---

[50] Schon immer wäre jede Tugend oder „Moral, die auf moralischen Einstellungen, ,Werten', *allein* gegründet ist, [...] bei den ersten Windstößen wie ein Kartenhaus" (Homann 1997, S. 16) zusammengebrochen.

um sie vor Abwegen zu bewahren. Unter den Bedingungen der funktionalen Ausdifferenzierung gesellschaftlicher Wettbewerbssysteme aber kommt institutionellen und organisatorischen Strukturen nicht nur die pragmatische (= zusätzlich stützende) Funktion zu, individuelle Tugendhaftigkeit zu befördern; vielmehr haben sich moderne Gesellschaften auf die Suche nach funktionalen Äquivalenten für individuelle Tugendhaftigkeit begeben – was personale Tugenden nicht überflüssig macht, sich aber auch keineswegs darauf beschränkt, dass – wie in vormodernen Gesellschaften – schlussendlich Personen (politische Eliten, ehrbare Kaufleute usw.) der alleinige oder primäre Ort der Tugend sind. Die ‚Orte‘ der Tugendhaftigkeit verteilen sich, und zwar meines Erachtens auf *alle* vier Argumente der Governancefunktion.

Wenn ich es recht sehe, schreibt die Governanceethik Tugend nur individuellen oder kollektiven Akteuren zu (IS und OKK), während sie die informalen oder formalen Institutionen (IF und FI) als tugendstützende, nicht aber als selber tugendhafte Institutionen konzipiert. Ich denke, dass die Unterscheidung des materialen und des formalen Aspekts von (Un-)Tugend hier einen Schritt weiterführt und es daher nicht verkehrt ist, den Gedanken funktionaler Äquivalente für die Tugendhaftigkeit individueller oder kollektiver Akteure wirklich ernstzunehmen und davon auszugehen, dass alle vier Argumente der Governancefunktion mögliche ‚Orte‘ von Tugend(en) oder Untugend(en) sind. Inwiefern?

Was die individuellen oder kollektiven Akteuren (IS und OKK) anbelangt, habe ich den Einlassungen Josef Wielands (außer Bestätigung) nichts hinzuzufügen:

- Tugenden und Laster individueller Akteure sind ein traditionelles Thema der philosophischen und theologischen Ethik.

- Dass man darüber hinaus aber auch von einer ‚Tugend kollektiver Akteure‘, also von Organisationen (wie etwa Unternehmen), sprechen kann, wurde meines Erachtens plausibel herausgearbeitet.[51]

Was ist nun aber mit den formalen oder informalen Institutionen? Gehen wir zunächst einmal von einem sehr berühmten Zitat aus, in dem der Begriff der ‚Tugend‘ explizit vorkommt (was aber meines Wissens noch nie thematisiert worden ist): „Die Gerechtigkeit ist die erste Tugend sozialer Institutionen [the first virtue of social institutions], so wie die

---

[51] Wieland 2001b.

Wahrheit bei Gedankensystemen."[52] Es ist doch auffallend, dass Rawls hier im Zusammenhang mit formalen Institutionen (also gesellschaftlichen Spielregeln, nicht Organisationen) von ‚Tugend' spricht. Um diesen Sprachgebrauch zu klären, ist meines Erachtens die Unterscheidung des materialen und des formalen Aspekts von (Un-)Tugend relevant. Nochmals:

– *Material* bestehen die Tugenden aus unterschiedlichen, habituell angeeigneten Vorstellungen des ‚Guten', also aus moralischen Vorstellungen, während die Untugenden (Laster) unmoralische Gewohnheiten transportieren.

– *Formal* gesehen dagegen besteht eine gemeinsame Funktion von Tugenden und Untugenden im self-enforcement – im Fall der Tugend ein self-enforcement der Moral, im Fall der Untugend der Unmoral.

Das Rawls-Zitat lässt sich meines Erachtens sinnvollerweise folgendermaßen rekonstruieren: Gerechte Institutionen (Regeln) sind zwar material nicht (in einem ontologischen oder phänomenologischen Sinn) tugendhaft – denn sonst müsste man sie belobigen oder zur Verantwortung ziehen können (so wie man das bei Organisationen = kollektiven Akteuren kann) –, aber sie üben formal die Funktion der Tugend aus: Indem sie nämlich das Verhalten der betroffenen (individuellen oder kollektiven) Akteure kanalisieren, fungieren sie im Sinne des self-enforcement der Moral (bzw. des Moralkonformen). Sie sind daher in einem präzisen Sinn funktionale Tugendäquivalente: Die FI sind Regeln, zum Beispiel des entsprechend codierten Rechtssystems, aber aufgrund eines moralorientierten ‚Programms' fungieren diese FI als institutionalisiertes ‚Tugend'-Kapital und spuren das Verhalten der Akteure – wie von selbst – in Richtung auf ein moralisch erwünschtes – und insofern objektiv tugendhaftes – Ergebnis vor.

   Entsprechendes gilt auch für die *informalen Institutionen*. Nehmen wir das Beispiel der Moralkulturen: In den Traditionen der unterschiedlichen Moralkulturen ist natürlich (explizit oder implizit) viel von Tugenden

---

[52] Rawls 1971/1979, S. 19. Weiter heißt es dort: „Eine noch so elegante und mit sparsamen Mitteln arbeitende Theorie muß fallengelassen werden oder abgeändert werden, wenn sie nicht wahr ist; ebenso müssen noch so gut funktionierende und wohlabgestimmte Gesetze und Institutionen abgeändert oder abgeschafft werden, wenn sie ungerecht sind."

und Tugendhaftigkeit die Rede. Gleichwohl wird man auch hier nicht sagen können, die Moralkulturen seien selber tugendhaft (man kann sie zwar gut oder schlecht finden, aber es gibt keinen Adressaten, den man belobigen oder tadeln könnte). Aber auch sie funktionieren formal wie eine (Un-)Tugend: Da auch sie das Verhalten der Akteure in bestimmter Weise beeinflussen, fungieren sie tendenziell als self-enforcement der Realisierung (un-)moralischer bzw. (un-)moralkonformer Werte. Man kann dies am unterschiedlichen Level von social capital in verschiedenen Moralkulturen verdeutlichen. Zwischen den Moralkulturen lassen sich gravierende Unterschiede hinsichtlich des Niveaus an Sozialkapital (‚generalisiertem Vertrauen‘) feststellen.[53] So ist festzustellen, dass in der islamischen Moralkultur das ‚generalisierte Vertrauen‘ niedrig ausfällt, während in den (neo)konfuzianisch gedeckelten Moralkulturen relativ hohe Vertrauenswerte zu diagnostizieren sind (China 52 %, Taiwan 42 % oder Japan 46 %).[54] Wenn man nun ‚Vertrauen‘ als *moralische* Kategorie

[53] Inglehart 1999. Das ‚generalisierte Vertrauen‘ ist das Vertrauen, das die Leute in einer bestimmten Gegend *generell* anderen Leuten entgegenbringen. Hierzu wird in dem von Inglehart geleiteten ‚World Value Survey‘ folgende Frage gestellt: „Generally speaking, would you say that most people can be trusted, or that you can't be too careful in dealing with people?"

[54] Inglehart (1999) geht es eigentlich um den Zusammenhang zwischen dem Sozialkapital des ‚generalisierten Vertrauens‘ und dem Pro-Kopf-Einkommen (PKE): „The people of rich societies show higher levels of interpersonal trust than the publics of poorer ones. As we will see, the World Values Survey data demonstrate this point unequivocally; the correlation is very strong." (ebd.). (1) Zu den (möglichen) Ursachen, dass in der islamischen Moralkultur sowohl das ‚generalisierte Vertrauen‘ als auch das Pro-Kopf-Einkommen niedrig ausfällt, schreibt Helmut Leipold (2003, S. 145): „Die wahrscheinlich für die marktwirtschaftliche Arbeitsteilung und Entwicklung gravierendste Wirkung der Rentensuche und der Korruption ist in dem sich ausbreitenden Mißtrauen der Bürger in die Verläßlichkeit des Staates und seiner Amtsträger zu vermuten. Rentensuche und Korruption wirken ansteckend. Sie tendieren wegen der machtbedingt erreichbaren Vorteile zur Imitation und breiten sich im Staats- und Rechtssystem krebsartig aus. […] Die sich ausbreitende Wahrnehmung über den Mißbrauch staatlicher Autorität verleitet selbst die davon betroffenen Menschen zu einer analogen Mißachtung der Gesetze", so dass auch das generalisierte Vertrauen erodieren muss. (2) Der in den konfuzianischen Moralkulturen hohe Vertrauenslevel wirft die Frage auf, warum China dann ein so niedriges PKE aufweist. Eine mögliche Antwort gibt Nau (2004, S. 261): „Die ‚zwei China‘ – die Volksrepublik China und Taiwan […] – werden gerne als Fallbeispiele herangezogen. In beiden Staaten dürfen wir eine hohe ethnische Ho-

einstuft, dann ist deutlich, dass die unterschiedlichen Moralkulturen (als Varianten der IF) als *funktionale Tugendäquivalente* wirksam sind: Indem sie das Verhalten der (individuellen oder kollektiven) Akteure einspuren, fungieren sie im Sinne des self-enforcement des (un)moralischen Phänomens Vertrauen/Misstrauen.

Zusammenfassend lässt sich daher festhalten: Eine anwendungsrelevante Tugendethik muss den Hebel einer Governance der Tugend bei *allen* vier Argumenten der Governancefunktion als möglichen ‚Orten' von (Un-)Tugend(en) ansetzen. In der Governancefunktion sind daher die Werte 1 oder zumindest 0 in allen vier Feldern eine Mindestbedingung der Praxisrelevanz von Tugend:

Abb. 2: Koeffizientenmatrix der Tugendgovernance

	IS_j, a =	FI_{ij}, b =	IF_{ij}, c =	OKK_i, d =
Tugendgovernance	1	1	1	1

Quelle: Wieland 2004, S. 4

Mit Blick auf den Fall Enron kann dagegen von einer Tugendgovernance keine Rede sein:

– Da der Sinn für die moralökonomische Inakzeptabilität der ‚kreativen' Buchführungsmethoden Enrons bei den entscheidenden Managern weitgehend abhanden gekommen war, bewegten sich deren individuelle Selbstbindungen (IS) – bis auf Ausnahmen (wie etwa Sherron Watkins) – im negativen Bereich, also: –1. Das Ergebnis war die Un-

mogenität sowie eine gemeinsame kulturelle Tradition unterstellen. Dennoch hat sich die ökonomische Entwicklung dieser beiden Regionen in den letzten fünfzig Jahren erheblich unterschieden, was vornehmlich das Verdienst ökonomischer Institutionen mit diversen Freiheitsrechten – etwa Personen-, Kapital- und Güterverkehrsfreiheit, gesicherte Eigentumsrechte, freie Preisentwicklung und hohe Geldwertstabilität – sein dürfte. Die politische Garantie dieser Freiheitsrechte bot den Wirtschaftsakteuren in Taiwan einen langfristigeren Planungshorizont für Investitionen als in der Volksrepublik China. Diese Stabilisierung ökonomischer Verhaltenserwartungen führte in Taiwan eher als in der VR China auf Dauer zur Durchsetzung eines positiven Wachstumsmusters."

tugend einer habitualisierten, also mit moralentlasteter Leichtigkeit vollzogenen Bilanzierungsalchemie.

– Die *formalen Institutionen* (FI), die rechtlichen Rahmenregeln also, waren nur unzureichend in der Lage, Anreize zu tugendkonformem Verhalten zu generieren: Wenn etwa nach den amerikanischen Buchhaltungsregeln (US-GAAP) Unternehmen schon bei nur 3-prozentigem Fremdkapital als *extern* gelten, dann ist die Versuchung natürlich groß, unliebsame Bilanzposten über Briefkastenfirmen aus dem balance sheet verschwinden zu lassen. Auch angesichts der damals noch bestehenden Möglichkeit, gleichzeitig als Wirtschaftsprüfer und Berater für dasselbe Unternehmen tätig zu sein, ist es nicht verwunderlich, dass die erwünschte Tugend einer moralökonomisch integren Buchführung nicht selten auf eine schiefe Ebene gerät. Insgesamt also: −1 oder bestenfalls 0.

– Die *informalen Institutionen* (IF) zeichnen sich in den USA durch eine Ambivalenz aus: Das von seinen moralkulturellen Wurzeln im Puritanismus gründende und noch heute in den USA lebendige Erwerbsethos weist eine eigentümliche Mischung aus asketisch-arbeitsethischen und ‚kapitalistischen' Momenten auf.[55] Aufgrund dieser Ambivalenz würde ich dem Argument IF den Wert 0 geben. Aber natürlich ist die reale Gefahr nicht von der Hand zu weisen, dass sich das ‚kapitalistische' Moment aus seinem traditionellen arbeits*ethischen* Tugendrahmen herauslöst und eine kapitalistische Ideologie pur übrig

---

[55] Vgl. etwa die Äußerungen des puritanisch geprägten Philosophen und Politikers Benjamin Franklin (*1706; †1790): „Bedenke, daß die Zeit Geld ist; wer täglich zehn Schillinge durch seine Arbeit erwerben könnte und den halben Tag spazieren geht, oder auf seinem Zimmer faulenzt, der darf, auch wenn er nur sechs Pence für sein Vergnügen ausgibt, nicht dies allein berechnen, er hat nebendem noch fünf Schillinge ausgegeben oder vielmehr weggeworfen. […] Neben Fleiß und Mäßigkeit trägt nichts so sehr dazu bei, einen jungen Mann in der Welt vorwärts zu bringen, als Pünktlichkeit und Gerechtigkeit bei allen seinen Geschäften. […] Der Schlag deines Hammers, den dein Gläubiger um 5 Uhr morgens oder um 8 Uhr abends vernimmt, stellt ihn auf sechs Monate zufrieden; sieht er dich aber am Billardtisch oder hört er deine Stimme im Wirtshause, wenn du bei der Arbeit sein solltest, so läßt er dich am nächsten Morgen um die Zahlung mahnen, und fordert sein Geld, bevor du es zur Verfügung hast. […] Wer nutzlos Zeit im Wert von 5 Schillingen vergeudet, verliert 5 Schillinge und könnte ebensogut 5 Schillinge ins Meer werfen." (Benjamin Franklin, dt. zit. nach: Weber 1904-05/1920, S. 32 f).

bleibt. Genau dies dürfte bei Skilling oder Fastow der Fall gewesen sein (‚as long as you make money, it's all right').

– Und schließlich waren die realen Koordinations- und Kooperations-mechanismen (OKK) bei Enron weit davon entfernt, moralökono-mische Integrität zu befördern. Durch Methoden wie etwa das rank-and-yank (‚sozialdarwinistische Firmenkultur', ‚intellektuelle Ein-schüchterung', ‚bossism') wurde im Gegenteil ein starker Druck auf die Mitarbeiter ausgeübt, die Grenzen moralökonomischer Integrität zu ignorieren.

Abb. 3: Koeffizientenmatrix der Tugendgovernance bei Enron

	IS_j, a =	FI_{ij}, b =	IF_{ij}, c =	OKK_i, d =
Tugendgovernance im Fall Enron	0	–1, 0	0	–1

4. TugendManagement. Zur Governance moralischer Interessen

Interessen sind die letzte Quelle der Gestaltung gesellschaftlicher Institu-tionen und Organisationen. Zum weiten Feld der Interessen gehören neben *ökonomischen* Interessen oder *Macht*interessen auch *moralische* Interessen. Üblicherweise wird eine Differenz zwischen Moral und Inte-resse vorausgesetzt.[56] Demgegenüber möchte ich mit Norbert Hoerster einen Interessenbegriff vertreten, der sich nicht auf ‚egoistische' Eigen-nutzinteressen beschränkt. Hoerster schreibt, man müsse sich „von einer verbreiteten Vorstellung verabschieden, [...] der Vorstellung, dass die einzigen Interessen, die einem Individuum sinnvollerweise zugeschrieben werden können, egoistische Interessen, also Interessen am eigenen Wohl-ergehen bzw. an der Befriedigung künftiger eigener Interessen sind."[57]

Einer der Gründe für mich, auch in Sachen Moral den Begriff des Interesses zu verwenden, ist der, dass damit Moral nicht als bloße Re-

---

[56] So etwa bei Hegselmann/Kliemt 1997.

[57] Hoerster 2003, S. 175.

striktion des Möglichkeitenspielraums[58], sondern als *attraktive* Größe konzipiert wird.[59] *Wenn* ein individueller Akteur moralisch ‚musikalisch' ist, *wenn* er einen Sinn (‚Aisthetik') für Moral hat, *dann* hat er ein moralisches Interesse, und *dann* wirkt das moralische Interesse als ‚moralischer Anreiz'.[60] Die Intensität des jeweiligen moralischen Interesses und daher auch die Anreizintensität von Moral tritt empirisch allerdings in äußerst unterschiedlichen Dosierungen auf, paktiert mit teilweise recht unterschiedlichen Inhalten und ist insgesamt kontingent.

Ein nicht ganz unerheblicher Punkt ist weiters der, dass – im Gegensatz zu Bedürfnissen, die nur individuelle Akteuren haben können – Interessen auch kollektiven Akteuren (Organisationen, z.B. Unternehmen) zugeschrieben werden können:

- So muss in einem Marktsystem das grundsätzliche *ökonomische* Unternehmensinteresse immer dahin gehen, dass die Relation Aufwand/Ertrag positiv gestaltet wird.

---

[58] Dies ist die Konzeptualisierung von Moral im economic approach Gary S. Beckers. Hierzu auch Schramm 1996, S. 240 f.

[59] In diese Richtung argumentiert auch Priddat 2001. Die Attraktivität (= Anziehungskraft) von Moral dürfte dabei meist auf einer Mischung zweier Gründe beruhen: Zum einen gibt es genuin moralische Gründe, insofern es sich um eine Art ‚Geschmacksfrage' handelt. Moralisch ‚musikalische' Menschen möchten schlicht und ergreifend von einer Welt oder Gesellschaft umgeben sein, in der es gerecht und integer zugeht (auch wenn für sie selbst damit beispielsweise kein unmittelbarer Vorteil im engeren Sinn verbunden ist). Zum anderen gibt es ‚ökonomische' Gründe, denn moralisch ‚musikalische' Menschen wollen natürlich auch nicht auf die Vorteile verzichten, die mit einer integren Umwelt verbunden sind (z.B. aufgrund eines *moralisch* zugesprochenen Rechts auf Schutz von Leib und Leben). An entsprechende Grenzen müsste sich ein konsequent bekennender Amoralist zwar nicht halten, aber er wäre logischerweise „auch gezwungen – und das ist wichtig –, dem moralischen Schutz dann zu entsagen, wenn es um seine eigenen Interessen geht." (Hare 1987, S. 117).

[60] Bei individuellen Akteuren ist es das moralische Interesse, welches als Anreiz wirkt, bei kollektiven Akteuren sind es z.B. unternehmensethische Integritäts-Programme. „Wertesensibilität kann […] auf der Ebene des individuellen Akteurs […] auf Erziehung oder religiösen Überzeugungen beruhen; bei kollektiven Akteuren ist sie *[allein]* eine Funktion der Implementierungsqualität von Wertemanagementsystemen und deren Audits." (Wieland 2004b, S. 21).

– Darüber hinaus aber kann ein Unternehmen aber auch *moralische* Interessen als Unternehmensinteressen definieren, etwa in einem Code of Ethics. Dabei spielen individuelle Moralinteressen (der Unternehmensleitung, der Mitarbeiter) eine initiale Rolle, aber um solcherlei tugendethische Anwandlungen auf Dauer zu stellen und tragfähig zu machen, bedarf es stützender institutioneller Strukturen in der Unternehmensorganisation.[61]

In allgemeiner Form kann man das Verhältnis ökonomischer und moralischer Interessen sowie das damit virulent werdende Entscheidungskriterium meines Erachtens folgendermaßen abbilden:[62]

Abb. 4: Ökonomische und moralische Interessen

material: mögliche Vorteils-*inhalte* (Opportunitäts-nutzen; = ‚normale‘ Präferenzen; tastes)	ökonomische (= Eigennutz-) Interessen (= ökonomisch$_2$)		moralische Interessen
	monetäre Interessen (= ökonomisch$_1$)	nicht-monetäre (Eigennutz-) Interessen	
formal: Orientierung an Kosten (= *formale* ‚Basispräferenz‘; Zweckrationalität)	= ökonomisch$_3$		

Ich würde also eine materiale (inhaltliche) Ebene von einer formalen Ebene abheben:

– Auf der *materialen* Ebene geht es um die möglichen und unterschiedlichen Vorteils*inhalte*, also um das reiche Set an Werten und Präferenzen (= ‚normale‘ Präferenzen, ‚tastes‘), um das, was die unterschiedlichen Leute inhaltlich als Opportunitätsnutzen wahrnehmen.

---

[61] In der Terminologie der Governanceethik wären dies die Governancestrukturen IS (individuelle Selbstbindungen) und OKK (Koordinations- und Kooperationsmechanismen einer Organisation) als „Mindestanforderungen an eine realistisch durchhaltbare Managementethik" (Wieland 2001a, S. 17).

[62] Genauer hierzu Schramm 2004.

Beschränken wir uns um der Übersichtlichkeit willen auf ökonomische und moralische Interessen: Ökonomische Interessen im engeren Sinn richten sich auf monetäre Werte[63]; diesen engen Begriff des Ökonomischen indiziere ich durch die Schreibweise ‚ökonomisch$_1$'. Dagegen richten sich ökonomische Interessen im weiteren Sinn auf (allgemeine) Vorteile (Opportunitätsnutzen); und diesen weiteren Begriff des Ökonomischen im Sinn eines allgemeinen Vorteilsstrebens signalisiert die Schreibweise ‚ökonomisch$_2$'. Unter diese weitere Kategorie fallen daher nicht nur die ökonomischen Interessen im engeren Sinn (‚ökonomisch$_1$'), sondern auch nicht-monetäre Eigennutz-Interessen.

– Die *formale* Ebene besteht in der lokalen Orientierung an Kosten (Opportunitätskosten). Diese ökonomisch kalkulierende Kostenorientierung indiziere ich durch die Schreibweise ‚ökonomisch$_3$'. Das Verhalten individueller oder kollektiver Akteure ist so zu modellieren, dass sie – möglicherweise – durchaus inhaltlich unterschiedliche Interessen besitzen, dass sie allesamt ihre (= inhaltlich unterschiedlichen) Interessen doch zweckrational (= ‚ökonomisch$_3$') verfolgen. Das heißt, dass auch moralisch interessierte Akteure ihre Moralinteressen zweckrational (= ‚ökonomisch$_3$') zur Geltung zu bringen trachten.

Ein Erfolg versprechendes TugendManagement hat nun nicht nur dieser Polylingualität Rechnung zu tragen, vielmehr muss es auch – wie schon dargelegt – auf allen Ebenen der Governancefunktion tätig werden. Wirtschafts- und unternehmensethisches TugendManagement ist die Governance moralischer Interessen auf allen Ebenen der Governancefunktion. Dabei geht es dem TugendManagement einerseits durchaus um ein *Tugend*Management, das heißt um die Realisierung genuin moralischer Interessen, zum anderen aber muss ein TugendManagement immer auch ein Tugend*Management* sein:

– erstens, weil es sich um strukturelle Implementierungsprobleme (*wirtschafts*ethisch: vor allem um die FI, *unternehmens*ethisch: vor allem um die OKK) kümmern muss,

---

[63] Diese Kategorie spielt in Luhmanns Theorie des Wirtschaftssystems die entscheidende Rolle (Code: ± Zahlen).

– und zweitens, weil moralische Interessen immer auch mit ökonomischen Interessen abgewogen werden müssen (im Sinne von ‚ökono-
misch₃‘), denn es gibt nicht nur Kosten der Ökonomie, sondern auch
Kosten der Moral (die zwar kontingent, aber langfristig nicht zu ignorieren sind).

Unter dem Strich ist zweierlei festzuhalten: Erstens dürfte Tugend nur
dann Anwendungsrelevanz besitzen, wenn das TugendManagement sowohl moralischen als auch ökonomischen Interessen Rechnung trägt.
Einseitigkeiten führen zum Absturz.[64] TugendManagement erweist sich
daher als eine *moral-ökonomische* Herausforderung. Und zweitens neige
ich – wie oben dargestellt – zu der Vermutung, dass der Hebel zur Realisierung einer (ökonomisch tragfähigen) Moral bei *allen* vier Argumenten
der Governancefunktion gleichermaßen angesetzt werden muss. Insofern
ist es zu einseitig, sich nur auf gute Spielregeln und nicht auch auf gute
Spieler zu konzentrieren.[65]

---

[64] Kommt nur ein einseitig ökonomisches₁ (monetäres) Interesse zur Geltung (wie
etwa im Fall Enron), so wird das Unternehmen über kurz oder lang abstürzen. Von
vergleichsweise kurzer Lebensdauer sind aber auch solche Unternehmungen, bei
denen nur ein moralisches Interesse einseitig dominiert. Diesbezügliche Erfahrungen lieferten bereits die sog. ‚christlichen Fabriken‘ im 19. Jahrhundert. Über solche Produktivgenossenschaften (mit einer stark religiös orientierten Tagesordnung)
berichtete beispielsweise der Graubündener Kapuzinerpater Theodosius Florentini
(*1808; †1865) auf dem Katholikentag 1863 zu Frankfurt: „Es müssen die Fabriken
zu Klöstern werden!" (Verhandlungen der fünfzehnten Generalversammlung der
Katholischen Vereine Deutschlands zu Frankfurt am Main 1863, Frankfurt a.M., S.
267 f; zit. nach Stegmann 1969, S. 358). Der Haken an diesem moralisch respek-
tablen Versuch: Sämtliche von Florentini gegründeten Fabriken konnten seinen Tod
nicht lange überdauern. Und so gedachte man auf dem Katholikentag 1865 in Trier
des verstorbenen Paters Theodosius Florentini mit den treffenden Worten: Wenn er
„auch nicht immer gute Geschäfte gemacht hat, wie es die Welt versteht, so hat er
doch damit sein Hauptgeschäft: die sittliche Erhaltung unseres katholischen Volkes,
gut gemacht." (Verhandlungen der siebzehnten Generalversammlung der Katholischen Vereine Deutschlands 1865 in Trier, Trier 1865, S. 33; zit. nach: Stegmann
1969, S. 358 f).

[65] „Gute Spiele hängen mehr von guten Regeln als von guten Spielern ab." (Bren-
nan/Buchanan 1985/1993, S. 198).

Literatur

Anzenbacher, A. (1992): Einführung in die Ethik, Düsseldorf: Patmos.

Aristoteles (1984): Die Nikomachische Ethik (hg. v. Olof Gigon), 5. Aufl., München: dtv.

Brennan, G./Buchanan, J.M. (1985/1993): Die Begründung von Regeln. Konstitutionelle Politische Ökonomie (Die Einheit der Gesellschaftswissenschaften 83), Tübingen: Mohr (Siebeck).

Committee On Energy And Commerce House Of Representatives (2002a): The Financial Collapse Of Enron – Part 2: Hearing Before The Subcommittee On Oversight And Investigations Of The Committee On Energy And Commerce House Of Representatives. One Hundred Seventh Congress, Second Session: February 7, 2002 (Serial No. 107-89), Washington: U.S. Government Printing Office Washington. (Quelle: http://energycommerce.house.gov/107/action/107-88.pdf; Zugriff: 23. Februar 2005).

Committee On Energy And Commerce House Of Representatives (2002b): The Financial Collapse Of Enron – Part 3: Hearing Before The Subcommittee On Oversight And Investigations Of The Committee On Energy And Commerce House Of Representatives. One Hundred Seventh Congress, Second Session: February 14, 2002 (Serial No. 107-89), Washington: U.S. Government Printing Office Washington. (Quelle: http://energy-commerce.house.gov/107/action/107-89.pdf; Zugriff: 23. Februar 2005).

Enron (1998): Enron Annual Report 1998. (Quelle: http://www.enron.com/corp/investors/annuals/ annual98/ourvalues.html.

Ernst & Young (2002/Ed.): An Overview of the Sarbanes-Oxley Act of 2002, Frankfurt a.M.

Hare, R.M. (1987): Eine moderne Form der Goldenen Regel, in: Birnbacher, D./Hoerster, N. (Hg.): Texte zur Ethik, 6. Aufl., München: dtv, S. 109-124.

Hayek, F.A. von (1976): Individualismus und wirtschaftliche Ordnung, 2. Aufl., Salzburg: Neugebauer.

Hegselmann, R./Kliemt, H. (1997/Hg.): Moral und Interesse. Zur interdisziplinären Erneuerung der Moralwissenschaft (Scientia Nova), München: Oldenbourg.

Hoerster, N. (2003): Ethik und Interesse, Stuttgart: Reclam.

Homann, K. (1993): Wirtschaftsethik. Die Funktion der Moral in der modernen Wirtschaft, in: Wieland, J. (Hg.): Wirtschaftsethik und Theorie der Gesellschaft, Frankfurt a.M.: Suhrkamp, S. 32-53.

Homann, K. (1994): Homo oeconomicus und Dilemmastrukturen, in: Sautter, H. (Hg.): Wirtschaftspolitik in offenen Volkswirtschaften (Festschrift für

Helmut Hesse zum 60. Geburtstag), Göttingen: Vandenhoeck & Ruprecht, S. 387-411.

Homann, K. (1997): Individualisierung: Verfall der Moral? Zum ökonomischen Fundament aller Moral, in: Aus Politik und Zeitgeschichte. Beilage zur Wochenzeitung Das Parlament B 21/97, 16. Mai 1997, S. 13-21.

Inglehart, R. (1999): Trust, Well-being and Democracy, in: Warren, M. (Ed.): Democracy and Trust, New York/Cambridge: Cambridge University Press, S. 88-120.

Krugman, P. (2002): Cronies in Arms, in: New York Times (17. 09. 2002), Section A, S. 29.

Lawrence, Chr. (2002): Enron – Was ist schief gegangen?, in: Assets & Liabilities 3/2002, S. 11-14.

Leipold, H. (2003): Wirtschaftsethik und wirtschaftliche Entwicklung im Islam, in: Nutzinger, H.G. (Hg.): Christliche, jüdische und islamische Wirtschaftsethik. Über religiöse Grundlagen wirtschaftlichen Verhaltens in der säkularen Gesellschaft, Marburg: Metropolis, S. 131-149.

MacIntyre, A. (1987): Der Verlust der Tugend. Zur moralischen Krise der Gegenwart (Theorie und Gesellschaft, Bd. 5), Frankfurt a.M./New York.

McLean, B. (2001): Is Enron Overpriced?, in: Fortune (05. 03. 2001). (Quelle: http://www.fortune.com/fortune/investing/articles/0,15114,369278,00. html; Zugriff: 23. Februar 2005).

Nau, H.H. (2004): Reziprozität, Eliminierung oder Fixierung? Kulturkonzepte in den Wirtschaftswissenschaften im Wandel, in: Blümle, G./Goldschmidt, N./Klump, R./Schauenberg, B./Senger, H. von (2004/Hg.): Perspektiven einer kulturellen Ökonomik (Kulturelle Ökonomik, Bd. 1), Münster: Lit, S. 249-269.

New York Times (2002): Transcript of Senate Commerce Committee Hearing on Enron. (Quelle: http://www.nytimes.com/2002/02/26/business/26EN RON-TEXT.html; Zugriff: 3. Januar 2005).

North, D.C. (1990): Institutions, Institutional Change and Economic Performance, Cambridge/New York/Port Chester/Melbourne/Sydney: Cambridge University Press.

Powers, W.C. Jr./Troubh, R.S./Winokur, H.S. Jr. (2002): Report of Investigation by The Special Investigative Committee of The Board of Directors of Enron Corp., February 1, 2002.

Priddat, B.P. (2001): Moral: Restriktion, Metapräferenz: Adjustierung einer Ökonomie der Moral, in: Wieland, J. (Hg.): Die moralische Verantwortung kollektiver Akteure (Ethische Ökonomie. Beiträge zur Wirtschaftsethik und Wirtschaftskultur, Bd. 6), Heidelberg: Physica, S. 41-78.

Rawls, J. (1971/1979): Eine Theorie der Gerechtigkeit, Frankfurt a.M.: Suhrkamp.

Schramm, M. (1996): Ist Gary S. Beckers ‚ökonomischer Ansatz‘ ein Taschenspielertrick? Sozialethische Überlegungen zum ‚ökonomischen Imperialismus‘, in: Nutzinger, H.G. (Hg.): Wirtschaftsethische Perspektiven III (Schriften des Vereins für Socialpolitik NF 228 / III), Berlin: Duncker & Humblot, S. 231-258.

Schramm, M. (2004): Moralische Interessen in der Unternehmensethik (Hohenheimer Working Papers zur Wirtschafts- und Unternehmensethik, Nr. 4), Stuttgart-Hohenheim: Institut für Kulturwissenschaften. (Download: http://www.uni-hohenheim.de/wirtschaftsethik/hwpwue.html).

Schwartz, J. (2002): Darth Vader. Machiavelli. Skilling Set Intense Pace, in: The New York Times (07. 02. 2002), S. C 1-2.

Schweitzer, E. (2004): Jeffrey Skilling: Texanischer Eliminator mit Gedächtnislücken, in: Financial Times Deutschland vom 20. 02. 2004. (Quelle: http://www.ftd.de/ub/di/1077011642549.html).

Sims, R.R./Brinkmann, J. (2003): Enron Ethics (Or: Culture Matters More than Codes), in: Journal of Business Ethics 45, S. 243-256.

Stegmann, F.J. (1969): Geschichte der sozialen Ideen im deutschen Katholizismus, in: Gottschalch, W./Karrenberg, F./Stegmann, F.J.: Geschichte der sozialen Ideen in Deutschland (hg. v. Helga Grebing) (Deutsches Handbuch der Politik 3), München/Wien: Olzog, S. 325-560.

Ulrich, P./Lunau, Y./Weber, Th. (1999): ‚Ethikmassnahmen‘ in der Unternehmenspraxis. Zum Stand der Wahrnehmung und Institutionalisierung von Unternehmensethik in deutschen und schweizerischen Firmen – Ergebnisse einer Befragung, in: Ulrich, P./Wieland, J. (Hg.): Unternehmensethik in der Praxis. Impulse aus den USA, Deutschland und der Schweiz (St. Galler Beiträge zur Wirtschaftsethik, Bd. 19), Bern/Stuttgart/Wien: Haupt, S. 121-194.

Valéry, P. (1935): Über die Tugend, in: Europäische Revue 11, S. 657-665.

Watkins, Sh. (2004): ‚Es war wie ein Begräbnis, das nicht enden wollte‘ (Interview), in: Spiegel Online vom 18. Mai 2004. (Quelle: http://www.spiegel.de/wirtschaft/0,1518,300178,00.html; Zugriff: 23. Februar 2005).

Weber, M. (1904-05/1920): Die protestantische Ethik und der Geist des Kapitalismus, in: ders.: Gesammelte Aufsätze zur Religionssoziologie, Bd. 1, Tübingen: Mohr (Siebeck), S. 17-206.

Wieland, J. (1993): Formen der Institutionalisierung von Moral in amerikanischen Unternehmen. Die amerikanische Business-Ethics-Bewegung: Why and how they do it (St. Gallener Beiträge zur Wirtschaftsethik 9), Bern/Stuttgart/Wien: Haupt.

Wieland, J. (2001a): Eine Theorie der Governanceethik, in: Zeitschrift für Wirt-
schafts- und Unternehmensethik 2, S. 8-33.

Wieland, J. (2001b): Die Tugend kollektiver Akteure, in: Wieland, J. (Hg.): Die
moralische Verantwortung kollektiver Akteure (Ethische Ökonomie.
Beiträge zur Wirtschaftsethik und Wirtschaftskultur, Bd. 6), Heidelberg:
Physica, S. 22-40.

Wieland, J. (2005a): Normativität und Governance. Gesellschaftstheoretische
und philosophische Reflexionen der Governanceethik. Marburg: Metropolis. Band 3 der Reihe: Studien zur Governanceethik.

Wieland, J. (2005b): Governanceethik und moralische Anreize, in: Beschorner,
Th./König, M./Schumann, O.J. et al. (Hg.): Wirtschafts- und Unternehmensethik. Rückblick, Ausblick, Perspektiven. München/Mering: Hampp

Zintl, R. (1989): Der Homo oeconomicus: Ausnahmeerscheinung in jeder Situation oder Jedermann in Ausnahmesituationen, in: Analyse & Kritik 11,
S. 52-69.

What is the role of virtues for governing knowledge?

A management perspective

Markus C. Becker

1. Introduction: The case of knowledge governance

The series of interdisciplinary workshops on business ethics that this paper was written for has started out with looking at the governance of ethics from a general perspective. In my paper for last year's workshop[1], I have started out looking at governance by asking what it means to consider multiple dimensions of governance (finance, human resource, ethics, knowledge, etc.) simultaneously. In that paper, my emphasis was on the interdependencies between these different dimensions, on the impact of governance structures also on dimensions they were not designed to influence (for instance, of mechanisms of financial control on human resources), and on repercussions between different governance structures applied at the same time.

This year, a narrower focus has been chosen: 'What is the role of virtues[2] in governance?' Of course, the question is even broader than that. *Is* there a role for virtues in discourses and theories of governance? Moreover, the question is difficult to answer in the abstract. Governance has to address specific governance tasks. I will thus focus on one (out of many) concrete governance tasks. The present paper focuses on one

---

[1] Becker 2004.

[2] As one of the representatives of management in this interdisciplinary workshop, I take the liberty to interpret virtues to be values with a moral dimension, and to leave the detailed discussion of this difference to my colleagues from other fields of specialization. In the following, my focus is mainly on values more generally.

'object' of governance identified in its companion paper[3] – knowledge. In line with the topic of the workshop, it focuses on the question 'What is the role of virtues in governing knowledge?'

I have picked knowledge, rather than other dimensions that need to be governed, because knowledge is considered the strategically most important production factor in economics.[4] Governing knowledge is one of the great contemporary challenges that managers face. So far, however, not much of a theoretical framework for knowledge governance is yet available (see section 3). Rather than providing a literature review on knowledge governance, the paper describes the research questions on knowledge governance and attempts to identify the 'entry points' where virtues could potentially have an impact on the outcomes of knowledge processes, and therefore also, a role in knowledge governance.

2. Knowledge governance defined

There are many different definitions of governance. As a recent *Academy of Management Review* Special Issue on the topic demonstrates, cutting-edge interpretations of governance tend to emphasize the use of organizational resources. Daily, Dalton and Cannella[5], for instance, define governance "as the determination of the broad uses to which organizational resources will be deployed and the resolution of conflicts among the myriad participants in organizations". That is in contrast to the more narrow focus on agency problems, conflict of interests, protection of shareholder interests, and the particular attention to cases where "transaction costs are such that this agency problem cannot be dealt with through a contract"[6] which characterized many earlier definitions of governance (in particular corporate governance).[7] In contrast, even corporate governance is "not just a matter of defining incentive schemes to realign managers and workers to a simple and general objective, nor .. just a choice of the optimal power structure, given technological con-

---

[3] Becker 2004.

[4] Grant 1996; Spender 1996.

[5] Daily, Dalton and Cannella 2003, p. 371.

[6] Hart 1995, p. 678.

[7] Daily, Dalton and Cannella 2003.

ditions and human capabilities [...] it is a genuine organizational problem, concerning investment strategies and the way people and assets interact".[8] Building on the work of Oliver Williamson (1975, 1985), in analyzing how organizational resources are deployed such that they attain certain objectives, many approaches to governance then focus on trans-actions, i.e. on influencing the way in which transactions are adapted, co-ordinated, and safeguarded.[9]

As mentioned, this paper considers one 'object' of governance, knowledge. Consistent with the above definitions of governance, we follow the Center for Knowledge Governance's (Copenhagen Business School) definition of knowledge governance: " 'Governing knowledge processes' ... means choosing governance structures (e.g. markets, hybrids, hierarchies) and governance and coordination mechanisms (e.g. contracts, directives, reward schemes, incentives, trust, management styles, organizational culture, etc.) so as to favourably influence pro-cesses of transferring, sharing and creating knowledge. These structures are important because they define the incentives and coordinate the actions of organizational members in knowledge processes."[10] The key passage here is "favourably influence processes of transferring, sharing and creating knowledge". In my opinion, in order to be able to 'favoura-bly influence' processes such as knowledge transfer requires an under-standing of the causal mechanisms underlying such processes. For this reason, the road I take in this paper is to begin with looking at knowl-edge, rather than governance structures.

3. Open research questions and challenges in knowledge governance

Governance efforts address specific governance tasks. Let me start by identifying the specific knowledge governance tasks. A 2003 *Manage-ment Science* Special Issue on 'Managing Knowledge in Organizations' provides a good overview of the state of the art of open challenges for managers, and of open research questions pertaining to managing knowl-edge in organizations. In their article, the special issue editors identify the

---

[8] Lacetera 2001, p. 35-36.

[9] Jones, Hesterly and Borgatti 1997.

[10] Foss et al. 2003, p. 8.

following 'emergent themes' on managing knowledge in organizations[11] (see appendix 1 for the full list of items):

- The importance of social relations in understanding knowledge creation, retention, and transfer

- The 'fit' or congruence between properties of knowledge, properties of units, and properties of relationships between units does affect knowledge management outcomes

- The significance of where organizational boundaries are drawn for knowledge transfer

- How different types of experience have different effects on learning outcomes

- The effect of environmental factors on learning outcomes in firms

- The importance of embedding organizational knowledge in a repository so that it persists over time

Another source that takes stock of the state of the art on knowledge governance is the programmatic paper issued in 2003 by the founders of the *Center for Knowledge Governance* at Copenhagen Business School.[12] Here, the authors identify the following research challenges on knowledge governance:

- Could it be that governance through cultural factors is more prevalent in connection with such processes than in connection with more traditional production processes? And what are the differences between those cultural factors that support knowledge processes and those that support more conventional production processes?

- Explicitly designing the organization so that it supports knowledge processes requires changing the reward systems

- The role of psychological contracts and their implications for knowledge processes[13]

---

[11] Argote, McEvily and Reagans 2003.

[12] Foss et al. 2003.

[13] Foss et al. 2003, p. 5.

If one analyzes the above lists, they can be summed up in the following scheme:

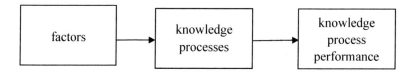

Most of the nine issues identified above relate to the impact of particular factors, such as social relations, organizational boundaries, etc. on processes of knowledge creation, transfer etc. The assessment of research tasks by the founders of the Center for Knowledge Governance is that having "relatively little systemic knowledge about how organizational issues are related to knowledge issues" is one major gap in our knowledge of knowledge governance.[14] In particular, "there are no well-established research heuristics linking organization/governance and knowledge".[15] Foss et al. therefore call for "clearly link[ing] characteristics of knowledge and of knowledge processes to organization in a discriminating manner".[16] In the remainder of the paper, I attempt to provide such a link. I start with the characteristics of knowledge, and will then identify some 'points of attack' in these characteristics, which could provide hints at how to govern knowledge.

4. Knowledge characteristics

As an 'object' of governance, knowledge has some characteristics that are very different from the other objects of governance (e.g., financial resources, human resources). This is true in particular for tacit knowledge. Designing governance structures that 'favourably influence' knowledge processes requires taking these characteristics into account.

---

[14] Ibid., p. 1.

[15] Ibid., p. 2.

[16] Ibid., p. 1.

(a) Knowledge is non-exclusive. It travels easily and it is difficult to exclude agents from the benefits of knowledge, leading to positive externalities (spill-overs).

(b) Knowledge is a non-rivalrous good. It is not used up when it is used, leading to the fact that it can be re-used an unlimited number of times, in principle. Furthermore, a basically in principle infinite number of people can use knowledge without anyone being deprived of it. The marginal cost of using knowledge can be close to zero.

(c) Knowledge is a production factor in the generation of new knowledge. Knowledge produces new knowledge. Knowledge is therefore cumulative and path-dependent.[17]

(d) Knowledge (in particular tacit knowledge) poses measurement problems (Wieland 2004), as becomes particularly salient in the case of team production.[18]

(e) Because tacit knowledge is personally held, no property rights on tacit knowledge can be acquired. It is only possible to acquire the rights to *use* the knowledge held by employees, who always remain the owner of their knowledge, and of the competence to generate it and to contribute it to cooperation (team production[19]). Tacit knowledge therefore cannot be accessed by the acquisition of property rights. The implication for governance is straightforward: (formal) contracts are systematically less important in governing knowledge. Rather, the holder of tacit knowledge has to be *motivated* to cooperate and share (transfer) his or her tacit knowledge.

5. Implications of knowledge characteristics
Inciting cooperation as the main problem of knowledge governance?

The main problem in governing knowledge processes is therefore inciting cooperation, that is, to motivate the people that hold knowledge to cooperate and release their knowledge, learn, use it in line with the corporate objectives etc. What kinds of incentives for inciting cooperation are

[17] Carlile and Rebentisch 2003.

[18] Alchian and Demsetz 1972.

[19] Wieland 2004.

available? Basically, one can distinguish intrinsic and extrinsic incentives. Employees are *extrinsically* motivated if they are able to satisfy their needs indirectly, especially through monetary compensation.[20] Motivation is *intrinsic* if an activity is undertaken for one's immediate need satisfaction. Intrinsic motivation "is valued for its own sake and appears to be self sustained".[21]

In the case of knowledge, extrinsic incentives seem limited in their effectiveness. First, it is difficult to measure knowledge. While codified knowledge can be observed, knowledge that is embodied in practice[22], for example how to conduct a symphony orchestra, is not easy to codify, or to measure. Even where due to its codification, the 'quantitative' aspects of knowledge can be 'measured', measuring its qualitative aspects is much more difficult. The problem is more aggravated still for tacit knowledge.[23]

In any case, inciting cooperation in knowledge processes poses non-negligible problems. Due to problems with measuring (tacit) knowledge *inputs*, it is often very difficult to provide explicit, monetary incentives for individual *efforts* in knowledge processes.[24] One is therefore constrained to design extrinsic incentives based on outputs. But in that case, the issue of team production presents well-known problems in attributing the rewards, distorting the incitements.[25]

Another problem with setting incentives that appeal to extrinsic motivation is that they work indirectly: for instance, in order to incite a certain behavior (such as writing a post-mortem analysis after a project is finished, in order to increase knowledge retention and make the experience acquired available within the firm), one can offer monetary incentives. The problem, however, is that actors often maximize the

---

[20] Osterloh and Frey 2000, p. 539.

[21] As Osterloh and Frey (2000, p. 539) point out, although many economists admit the existence of intrinsic motivation, they leave it aside because it is difficult to analyze and control (e.g., Williamson 1985, p. 64).

[22] Orr 1990.

[23] Methods for assessing knowledge such as exams that are applied in schools and universities provide a good example of the difficulties related to measuring knowledge.

[24] Foss et al. 2003.

[25] Alchian and Demsetz 1972.

rewards, but not by producing the behavior originally intended (such as increasing the total time spent on the phone, where that is rewarded, by leaving the line open when taking short breaks etc., or increasing the number of calls by letting 'the line drop' and calling again, where the number of calls is rewarded).

Because it is difficult to measure knowledge, in particular tacit knowledge, extrinsic incentives are 'far proxies' that carry the risk of inciting reward-maximizing behavior without inciting the underlying behavior they were designed for. Providing extrinsic incentives for supplying (tacit) knowledge inputs therefore runs into severe problems. That has an important consequence: it means that "organizational economics may be a quite blunt instrument with which to attack issues of knowledge governance. ... organizational economics assumes that all motivation fall in the extrinsic category".[26] To provide explicit, monetary incentives for individual efforts in knowledge processes is often difficult, for the reasons identified above. *The implication is that – broadly speaking – the tool-box of economics is not adapted to knowledge governance.* At the same time, knowledge governance is a core managerial (economic) problem – as many scholars have argued over the last decade, maybe the most important one. The *impasse* is therefore serious. Which alternatives are there?

Because of problems with measuring knowledge inputs, and because extrinsic incentives are indirect and incite some proxy rather than knowledge sharing, intrinsic incentives seem more appropriate to solve the problem of inciting cooperation in knowledge governance.[27] These problems are particularly severe for tacit knowledge, and intrinsic motivation is therefore crucial when tacit knowledge is involved.[28]

6. Sources of intrinsic motivation

In the remainder of the paper, I will focus on intrinsic incentives. I mentioned at the outset that in order to design governance structures for

---

[26] Foss et al. 2003, p. 9.

[27] Osterloh and Frey 2000; see also Foss in his keynote lecture to the European International Business Academy in December 2003.

[28] Osterloh and Frey 2000.

knowledge governance, it will be helpful to have some understanding of the underlying causal mechanisms. A first step to uncover those is to ask 'What are the sources of intrinsic motivation?'

In their article on the topic, Osterloh and Frey (2000) identify three sources of intrinsic motivation:[29]

i. carrying out an activity for its own sake,

ii. pursuing a self-defined goal,

iii. feeling required to fulfil the obligations of personal and social identities.[30]

How do these sources of intrinsic motivation generate intrinsic motivation? What are the underlying mechanisms? (i) Carrying out an activity for its own sake leads to intrinsic motivation because the activity is considered a value, and/or being in accordance with what the person considers right or appropriate to do. (ii) In pursuing a self-defined goal, it is often the fact that one has taken the decision freely and oneself, which provides pleasure and motivation. (iii) Finally, feeling required to fulfil the obligations of personal and social identities means that a person has internalized (made his or her 'own') some identity. That person's self-understanding of his or her identity requires acting in accordance with what is expected of such an identity or role. The identity defines what is considered appropriate to do. Acting in accordance to the identity provides intrinsic motivation because having this identity is considered positive.

7. (Sources of) Motivation of human action

So, inciting people's cooperation in knowledge processes, for instance to release and share the tacit knowledge they hold, is the crucial challenge of knowledge governance. Intrinsic motivation seems to be the most promising option. Several authors have, in fact, arrived at this conclusion

---

[29] Ibid.

[30] Ibid. The first two can be influenced by well-known human resources measures – but their reach for governance, and their leverage, is limited. For instance, due to restrictions and time lags involved in laying off employees, selection can only be applied to a small fraction of the employees involved in transactions.

before[31], and it indeed seems to be the frontier where knowledge govern-ance theory is at.[32]

In what follows, I now attempt to go a step further. Based on the argument presented above, we now face the question 'How to foster intrinsic motivation in order to incite people's cooperation in knowledge processes?' As we have already identified three sources of intrinsic moti-vation, we can focus on the more precise question 'How can we address the sources of intrinsic motivation?'

At this point, I propose to adopt a broader perspective on motivation of human action. As will be shown below, setting the problem in a larger framework than the one the management discourse is usually framed in, can help identify additional answers to the questions just raised. In a nutshell, the answer I will derive from the framework presented below is that intrinsic motivation arises when actors choose alternative courses of action according to whether they concord to certain values. The frame-work draws on two sources: James March's[33] distinction of different logics that decision-makers follow, and Max Weber's[34] distinction of motives of human action.

From his studies of human decision-making, March[35] concludes there are two main logics that decision-makers follow: the logic of conse-quences and the logic of appropriateness. *'Logic of consequences'* simply means that actions are motivated by expectations of their consequences. Roughly speaking, on the basis of the information available, actors form expectations and choose the alternative amongst the alternatives consid-ered that promises the most attractive consequences. This procedure is familiar from many instrumental models of rational choice and political action.[36] When following a *'logic of appropriateness'*, however, the decision-making process is of a very different kind. Decision makers

---

[31] Foss 2003; Osterloh and Frey 2000; Wieland 2004.

[32] Note that Foss et al. are the founders of the Center for Knowledge Governance and have argued that the last time in December 2003.

[33] March 1994.

[34] Weber 1922/1972.

[35] March 1994.

[36] Rura-Polley and Miner 2000.

following a logic of appropriateness are imagined to ask (explicitly or implicitly) three questions:[37]

- The question of recognition: What kind of situation is this?
- The question of identity: What kind of person am I? Or what kind of organization is this?
- The question of rules: What does a person such as I, or an organization such as this, do in a situation such as this?

As the three questions illustrate, to follow a logic of appropriateness means to match actions to situations. In such a logic, actions are driven by enacting identities, roles, and rules.[38]

To draw on Max Weber for the question we are interested in here is promising for a precise reason. As Richard Swedberg[39] carefully explains, Max Weber combined the role of interests (traditionally the domain of economics) and of social structure (traditionally the domain of sociology) in explaining economic behaviour. At the beginning of the 20th century, Max Weber was one of the driving forces of *Sozialökonomik*, a combination of economic and sociological perspectives on economic phenomena. As is well-known[40], in understanding the historical evolution of institutions such as the limited liability company, particular tax regimes or the successful business behaviour of Protestants, Weber was particularly interested in reconstructing when and how the possibility of rational calculation came about. Weber held this to be the main trigger of a qualitative transformation of huge dimensions, for example from a guild-based craft economy to an industrial economy – or the lack of it a major barrier. While analyzing a huge breadth of variables in depth, Weber did, however, pay special attention to the material, social, and psychological conditions for rational calculation to occur. (For instance, in order to calculate one needs to be able to have measuring units, standards, etc. One also needs to have an interest in rational calculation.) It is in this context that Max Weber[41] addresses the motives of social action in

[37] March 1994, p. 58.
[38] Rura-Polley and Miner 2000, p. 3.
[39] Swedberg 1998.
[40] See Kaesler 1998; Swedberg 1998.
[41] Weber 1972.

Wirtschaft und Gesellschaft. Four motives driving social action are distinguished:

1. Instrumentally rational (*zweckrational*): Action is motivated "by expectations as to the behavior of objects in the environment and of other human being; these expectations are used as 'conditions' or 'means' for the attainment of the actor's own rationally pursued and calculated ends".[42] In other words, acting in an instrumentally rational kind, you would do something because you have a certain expectation, which is conducive to attaining your objective.

2. Value-rational (*wertrational*): Following this kind of rationality, action is motivated by "a conscious belief in the value for its own sake of some ethical, aesthetic, religious or other form of behavior, independently of its prospects or success effects".[43] In other words, one chooses a particular course of action because it is in accordance with the value one believes in, and that one considers the 'right thing to do' independent of its consequences.

3. Traditional (*traditional*): Traditional rationality means that one's behavior is driven by "ingrained habituation".[44] In response to a particular situation, one will do what one has done before in the same situation. This might, or might not, be supported by a belief that what one has done before is right.

4. Affectual (*affektuell*): Action is driven by affects, such as emotion. One chooses a course of action because one follows emotions of affects.[45]

Clearly, Weber spanned his net very wide. Instrumental rationality is the rationality assumption that underlies economics. Affect-driven behavior is the realm of psychology, but is considered theories on aesthetics in business, in marketing, and in other places. Traditional rationality is what we know under the guise of 'routines' or 'habits'. Value-rational behavior, finally, flags the research question of this paper. Weber's wide-

---

[42] Ibid., p. 24.
[43] Ibid., p. 24-25.
[44] Weber 1972, p. 25.
[45] Weber 1972, p. 25.

ranging distinction of different motives driving social action reminds us that people can follow different motives. It also provides some more points of attack in order to get a deeper insight into the matter.

Note that March's and Weber's distinctions overlap and can be nested in each other. March's 'logic of consequence' is very similar to what Weber describes as 'instrumental rationality'. Weber's 'affect-driven behavior' is not a logic, neither one of consequences nor of appropriateness. Both Weber's 'value-rational' and 'traditional' driven action fall under March's 'logic of appropriateness'.

Fig. 1: March and Weber on motives of human behavior

March	Weber
Logic of consequence	Instrumentally rational (*zweckrational*)
Logic of appropriateness	Value-rational (*wertrational*)
	Traditional (*traditional*)
Not a logic (not following reason)	Affectual (*affektuell*)

8. Identity as a lever to address the sources of intrinsic motivation

The March/Weber framework introduced in the previous section helps us provide a richer answer to the question of how to address the sources of intrinsic motivation. For a start, the answer given by March and Weber on how to address the sources of intrinsic motivation is: by leading actors to apply a logic of appropriateness instead of a logic of consequences (or in Weberian terms: value-rational instead of instrumentally rational behavior). It is when actors follow a logic of appropriateness, or Weber's value-rational, traditional, or affectual drivers of social behavior, that intrinsic incentives arise. All three sources of intrinsic motivation identified by Osterloh and Frey[46] are instances of the 'logic of appropriateness' and 'value-rational social action'. Carrying out an activity for its own sake means to attribute a value to the activity, independent of its

---

[46] Osterloh and Frey 2000.

outcome. In pursuing a self-defined goal, being able to choose the goal oneself has a value. When one feels required to fulfil the obligations of personal and social identities, finally, the identity defines certain values, which have been internalized. For instance, in the role of a father, one is expected to protect one's child.

Under which circumstances, then, will actors be induced to apply a logic of appropriateness? As March explains, "the logic of appropriateness is tied to the concept of identity. An identity is a conception of self organized into rules for matching action to situations."[47] Two aspects of the notion of identity are noteworthy here.

First, *identities define values.*[48] When someone aspires to be an officer, for instance, he or she needs to behave in a somewhat authoritative manner, give clear orders, not tolerate contradiction and so on. Aspiring (accepting or internalizing) an identity automatically implies accepting a set of values, and orienting one's action towards these values (which is to say that when one has to choose a course of action in a particular situation, one will choose it by judging how appropriate the alternative courses of action are according to the set of values). An identity can be considered a bundle or pack of values that define the identity, or the role that someone assuming the identity will adopt. Assuming an identity then means internalizing these values.

Second, *individual identities have a social basis.* Individual identities are socially defined. Social defined identities are templates for individual identities in three senses:[49]

– "They define the *essential nature* of being an accountant, or manager, or plumber, permitting individuals to deal with identities as meaningful things. ... labels through which cognition is organized.

– They are prepackaged *contracts.* Individuals accept them in return for receiving things they value. The social specification of what it means to act as an accountant details the terms of the contract by which an individual agrees to assume the accountant role. ... Decision makers

---

[47] March 1994, p. 61.

[48] March 1994.

[49] March 1994, p. 63-65.

who fail in their contractual obligations are likely to lose legitimacy and authority.[50]

- They frequently come to be *assertions of morality*, accepted by individuals and society as what is good, moral, and true. An individual 'internalizes' an identity, accepting and pursuing it even without the presence of external incentives or sanctions. The identity is protected by a conscience and by such emotions as pride, shame, and embarrassment. Social reactions to inappropriate behavior include accusations of immorality and lack of propriety. Shame and guilt are important components of social control based on a logic of appropriateness. Decision makers can violate a logic of consequence and be considered stupid or naïve, but if they violate the moral obligations of identity, they will be condemned as lacking in elementary virtue."

Wieland[51] adds insight into how an important part of the social definition of identities works. Persons do, of course, pick an identity that they want to have or adopt. That decision alone, however, does not confer a particular identity. One cannot, in fact, confer an identity upon oneself. The crucial hinge of the argument is precisely the insight that an identity is in the eye of the beholder. Therefore, in order to assume a particular identity, it is necessary that interaction partners give signals that confirm the identity. That happens in social interaction.[52] Both in symbolic and non-symbolic form, persons do confer particular status to other persons. For instance, the fact of being treated with respect by the pupils confirms the identity of the teacher. In the Middle Ages, being the privilege of the king, the fact that everyone had to stop by the side of the road and kneel down was a confirmation of the king's status. Wieland[53] emphasizes precisely this mechanism: identity is formed by the allocation of status. He specifies how such a mechanism works. Status and esteem are not

---

[50] Note the link to psychological contracts here. Foss 2003, Foss et al. 2003, Osterloh and Frey 2000 and Wieland 2004 all discuss such contracts. They gain particular relevance due to the parallel with incomplete contracts (Williamson 1985), which they seem to complement.

[51] Wieland 1996.

[52] Perrow 1970; Ashforth and Gibbs 1990; Suchman 1995.

[53] Wieland 1996.

marketable.[54] It is impossible to give, or acquire, status by itself. It needs
to be communicated 'attached to' something else. For instance, a gesture
such as letting a person enter a door first, or an artifact (economic good)
such as a two-year old rather than a brand-new company car, or the like.
The crucial point is that actors have a general human need for esteem[55],
both self-esteem and esteem by others. The esteem by others works by
allocation of status. Because status can only be allocated attached to an
economic good[56], the implication is that the status dimension is always
present in each and every exchange transaction or – to be more general –
in each and every interaction. The point is crucial. Actors always observe
the interaction for the consequences it has for their own status. In order to
influence intrinsic motivation, governance mechanisms need to be
designed such that they primarily have a beneficial effect on the allocation of status or avoid negative repercussions of allocation of low status.
In the present context, the conclusion is that the status consequences of
governance mechanisms are central for knowledge governance, because
they describe the mechanisms by which individual identities are socially
defined. Again, individual identities play an important role in knowledge
governance because they are the lever to bringing about intrinsic motivation and incite people to cooperation in processes such as knowledge
creation, retention, etc.

9. Discussion

How can we address the sources of intrinsic motivation? The first part of
the answer that has been given above is that the answer is not to be found
in the realm of the logic of consequences. Extrinsic incentives are subject
to considerable limits in inciting cooperation. The much more effective
incentives are to be found in the realm of the logic of appropriateness.
The second part to the answer is that there are three lines along which
solutions can be searched and found. Here we can identify three practical
approaches, one in each line of motivation.

---

[54] Wieland 2004.

[55] Ibid.

[56] Wieland 1996.

(a) Value-rational behavior. Utilizing this kind of motivation proposes to make creating, sharing, transferring and integrating knowledge a virtue. This would lead to intrinsic incentives for creating, sharing, transferring and integrating knowledge where people's behavior is driven by value-rationality. In practical terms, the issue would be to identify for whom this is the case (some people might be driven by that logic more than others)[57], and under which circumstances that is the case (people might follow a certain logic at times, and a different one at other times). Moreover, one needs to establish these values, which do not seem to be amongst the values that are commonly established (such as working hard, being honest, etc.) They might need to be established in a focused internal communication campaign. But people need to internalize these values. As we know, identities play an important role in the internalization of values. Another way to 'install' the virtue of creating knowledge, for instance, could be to attempt to 'offer' a 'prepackaged' identity (for instance, of the 'breakthrough scientist' or 'blockbuster inventor') for people to adopt. Such an identity would value involvement in knowledge processes.

(b) Traditional behavior. Knowing that sometimes (some) people's behavior is driven by tradition and habit (what they have done before, how they have 'always' done things), one can use this insight by creating the 'habit' of sharing knowledge. Thanks to Weber's distinction, we can identify various ways in which this can be done. The first possibility, following traditional behavior, is to simply get the first couple of times going. We know from previous research, as well as from our own experience, that lock-in will often take care of the rest and will install a habit that will not be changed easily.[58] A second possibility exists, however, along the lines of value-rational behavior. One could attempt to get the routines/habits accepted and legitimized. This would involve communication that portrays them as useful, etc.[59] At this point, legitimation

---

[57] There is an obvious link here to culture (national cultures, regional cultures, etc.). Cultures differ for instance with regard to the kind and 'degree' of rationality that its people are disposed to apply. They also differ with regard to the weight of tradition, and the role of esthetics and affect, as the works of Edward T. Hall, Geert Hofstede and others have documented.

[58] Betsch et al. 1998.

[59] Fuller and Dornbusch 1988.

is also often provided by social frequency, i.e. the fact that something occurs often legitimizes it as being 'normal'. When you do not know what to do because there are no clear standards to guide your behavior, you look around and observe what others like you are doing.[60] A final possibility is the self-legitimating power of habits and routines, which stabilizes routines once they have developed. There are two cases for this. The first is simply that there is usually less necessity to justify why one follows an already established practice, than why one breaks from it (or why one wants to do things differently). With frequent repetition, the routine/habit acquires a certain degree of legitimation just due to the fact that it itself is repeated frequently. The second is the legitimating power of organizational isomorphism, or in other words, the fact that the routines is frequent in a certain population (for instance, that it is copied by firms within an industry). This is a central hypothesis of the new institutionalism in sociology.[61]

(c) Affectual behavior. Along this line, one can use the insight that (some) people's behavior is (sometimes) driven by emotions, by making people feel 'positively' about carrying out knowledge processes. The task then would be to attach emotions to these processes. This is actually done in marketing, where the use of mobile telephones, for instances, also has emotional dimensions such as feeling 'trendy'.

10. Conclusion

It is time to sum up and answer the question this paper has set out to address. Is there a role for virtues in economic discourses and theories of governance? The answer is a clear yes. Virtues and values have a role in providing intrinsic motivation, which is important for instance for such governance tasks as governing knowledge. The main problem there is to incite people to cooperate and to release and share their knowledge in processes for instance of knowledge transfer or knowledge creation.

What is the role of virtues for governing knowledge? Virtues and values have an important role in governing knowledge. Extrinsic motivation is subject to strong limits in its efficacy in governing knowledge

---

[60] Rura-Polley and Miner 2000, p. 201.

[61] DiMaggio and Powell 1991; for empirical support see Deephouse 1996.

processes, for reasons identified above. Therefore, knowledge governance is a matter of providing and managing intrinsic incentives. Such incentives, however, are provided when one leaves the realm of a logic of consequences (calculation) and enters the realm of a logic of appropriateness – where appropriateness is defined as matching situations to suitable behavior. The definition of what is 'suitable' is often embodied in roles or identities. These, in turn, are defined by values (for instance, a knight needs to be valiant, otherwise he will not be recognized as a knight by others). Values therefore represent the lever, or the key to identities, which again are a lever of intrinsic incentives.

How can we 'favourably influence' processes such as knowledge transfer? Weber's framework of different motives of social behavior allows us to go further than what we have described in the previous paragraph, and to specify how efforts of knowledge governance can manage to favourably influence knowledge processes.[62] It allows us to do that because Weber has spelled out causal mechanisms underlying human decision-making, and has offered four alternatives (instrumental rationality, value rationality, tradition, affect). From the vantage point of an economist, the possible causal mechanisms are vastly enriched, allowing a much easier mapping onto real cases. The advice gained from the Weberian categories is first, to identify which of the motives of behavior dominates in a particular situation, at a particular point of time. Depending on that, different measures offer themselves for fostering intrinsic incentives and thereby influence the performance of the knowledge process favourably.

Where people follow value-rational behavior, this will be the case if the performance objectives of knowledge processes (such as for instance, innovative outcomes of knowledge creation) can be made a value, which people internalize. Role models or identity templates might be ways to achieve this. Where traditional behavior is dominant, one can either simply push for a particular knowledge process being carried out a couple of times in a particular way. With a certain probability, people will then carry on this (hopefully favourable) way, without any incentives. Or one can support the legitimation of those routines, again, by

---

[62] Note that the issue of how to define 'favourably' with regard to the performance of knowledge processes is an issue that I have not touched upon here, but that needs to be tackled in order to push this argument further.

providing a 'template routine' or by conferring legitimation in other ways, such as by awarding high status to those engaged in particular knowledge processes. Where affectual behavior dominates, the advice would be to attempt to make people feel 'positive' about carrying out knowledge processes.

Weber's distinction of motives of human behavior (nested in March) provides further lines of argument and sets of research questions that can inform our research on governance and knowledge governance. A first line of issues concerns the individuals whose behavior is driven by these four different motives. Obviously, acknowledging all these four might be present in an organization, opens our eyes to many things (as opposed to assuming that all behavior is instrumental-rational and calculative). For one, it makes us recognize that individuals following different logics and motives will have dispositions to make different kind of errors, and have different cognitive biases. For instance, in the case of sharing tacit knowledge, a person driven by instrumental rationalism, who attempts to calculate the 'optimal' effort in releasing his or her tacit knowledge, might decide not to share any at all due to problems in the measurement of the value of his or her tacit knowledge (and might be systematically biased to disclose too little). On the other hand, a person whose decision to share tacit knowledge is based on a value, for instance, to help those 'in need', will have another bias – in this case determined by the definition of who is considered 'in need' of the knowledge. The work of Reason (1990) on human error and of Kahneman and colleagues on biases in decision-making will find a fruitful anchoring point in Weber's four motives of social behavior.

Another line of inquiry regards the simple point that for each kind of behavior, the governance tasks are different ones. In the instrumental-rational mode, the governance activity consists in designing extrinsic incentives. In the value-rational mode, however, it is mainly concerned with providing role models and identities for adoption, which contain values that, when applied, will favourably influence knowledge process outcomes. For behavior motivated by tradition, finally, the task is to provide template routines and make sure they are either implemented a couple of times, or that they are legitimated. (Note how the object of legitimation also shifts in each motive: routines, persons, identities, etc.) For affectual behavior, finally, the task is to attach emotions to knowledge processes.

A third line of issues is triggered by the question: What happens if some of these motives are present in the same organization at the same point of time? What if some people are (at one point of time) deciding and acting driven by values, others by calculation, and yet others by tradition? What if the same people flip between the four drivers of behavior? Can we understand under which circumstances one applies one or the other? Can we say something about the interactions (e.g., about biases caused by value-rational behavior in the finance department interacting with biases caused by traditional behavior in the sales department)? Some works have made a start in that direction, such as Osterloh and Frey[63] on the crowding-out effect of extrinsic motivation on intrinsic motivation, and Wieland[64] on the simultaneity of governance dimensions. Others discuss individual aspects that could be explored more in this light, for instance, the influence of organization structure and other organizational characteristics on intrinsic motivation.[65] Much remains to be done still. The research questions raised here do, however, capture questions of prime importance for social science research and for managers alike.

Bibliography

Alchian, A.A. and Demsetz, H. (1972): Production, Information Costs, and Economic Organization. American Economic Review, Vol. 62, No. 5, pp. 777-795.

Argote, L., McEvily, B. and Reagans, R. (2003): Managing Knowledge in Organizations: An Integrative Framework and Review of Emerging Themes. Management Science, Vol. 49, No. 4, pp. 571-582.

Ashforth, B.E. and Gibbs, B.W. (1990): The Double-Edge of Organizational Legitimation. Organization Science, Vol. 1, No. 2, pp. 177-194.

Becker, M.C. (2004): Towards an integrated theory of economic governance – Conclusions from the governance of ethics. In: Wieland, J. (ed.): Governanceethik im Diskurs. Marburg: Metropolis, pp. 213-251.

Betsch, T., Fiedler, K. and Brinkmann, J. (1998): Behavioral routines in decision making: the effects of novelty in task presentation and time pres-

---

[63] Osterloh and Frey 2000.

[64] Wieland 2004.

[65] Fuller and Dornbusch 1988.

sure on routine maintenance and deviation. European Journal of Psychology, Vol. 28, pp. 861-878.

Carlile, P.R. and Rebentisch, E.S. (2003): Into the Black Box: The Knowledge Transformation Cycle. Management Science. Vol. 49, No. 9, September 2003, pp. 1180-1195.

Daily, C.M., Dalton, D.R. and Cannella, A.A. (2003): Introduction to Special Topic Forum Corporate Governance: Decades of Dialogues and Data. Academy of Management Review, Vol. 28, No. 3, pp. 371-382.

Deephouse, D.L. (1996): Does Isomorphism Legitimate? Academy of Management Journal, Vol. 39, No. 4, pp. 1024-1039.

Foss, N. (2003): Knowledge and Organization in the Theory of the Multinational Corporation: Some Foundational Issues. CKG WP 1/2004.

Foss, N., Husted, K., Michailova, S. and Pedersen, T. (2003): Governing Knowledge Processes: Theoretical Foundations and Research Opportunities. Mimeo, 11. Sept 2003.

Fuller, B. and Dornbusch, S.M. (1988): Organizational Construction of Intrinsic Motivation. Sociological Forum, Vol. 3, No. 1.

Grant, R.M. (1996): Toward a Knowledge-Based Theory of the Firm, Strategic Management Journal, Vol. 17, Winter Special Issue, pp. 109-122.

Hart, O. (1995): Corporate Governance: Some Theory and Implications. Economic Journal, Vol. 105, No. 430, pp. 678-689.

Jones, C., Hesterly, W.S. and Borgatti, St.P. (1997): A General Theory of Network Governance: Exchange Conditions and Social Mechanisms. Academy of Management Review, Vol. 22, No. 4, pp. 911-945.

Kaesler, D. (1998): Max Weber – Eine Einführung in Leben, Werk und Wirkung. Frankfurt/New York: Campus.

Lacetera, N. (2001): Corporate Governance and the Governance of Innovation: The Case of the Pharmaceutical Industry. Journal of Management and Governance, Vol. 5, pp. 29-59.

March, J.G. (1994): A Primer on Decision-Making. New York: Free Press.

Orr, J.E. (1996): Talking About Machines. Ithaca, New York: ILR Press (imprint of Cornell University Press).

Osterloh, M. and Frey, B.S. (2000): Motivation, Knowledge Transfer, and Organizational Forms. Organization Science, Vol. 11, No. 5, pp. 538-550.

Perrow, Ch. (1970): Organizational Analysis: A Sociological view. Belmont/CA: Wadsworth.

Powell, W.W. and DiMaggio, P.J. (1991, eds.): The New Institutionalism in Organizational Analysis. Chicago: University of Chicago Press.

Rura-Polley, Th. and Miner, A.S. (2000): The relative standing of routines: Some jobs are more equal than others. Madison: Mimeo, University of Wisconsin.

Suchman, M.C. (1995): Managing Legitimacy: Strategic and Institutional Approaches. Academy of Management Review, Vol. 20, No. 3, pp. 571-610.

Spender, J.-C. (1996): Making Knowledge the Basis of a Dynamic Theory of the Firm. Strategic Management Journal, Vol. 17 (Winter Special Issue), pp. 45-62.

Swedberg, R. (1998): Max Weber and the Idea of Economic Sociology. Princeton/NJ: Princeton University Press.

Weber, M. (1922): Wirtschaft und Gesellschaft. Tübingen: Mohr (Siebeck).

Weber, M. (1972): Economy and Society. Berkeley/CA: University of California Press.

Wieland, J. (1996): Ökonomische Organisation, Allokation und Status. Tübingen: Mohr (Siebeck).

Wieland, J. (2004): Governance und Simultanität – Wissen als kooperative und moralische Ressource. In: Wieland, Josef (ed.): Governanceethik im Diskurs. Marburg: Metropolis, pp. 253-277.

Williamson, O.E. (1985): The Economic Institutions of Capitalism. New York: Free Press.

Appendix

Emergent Themes on 'Managing Knowledge in Organizations' (Argote, McEvily and Reagans, 2003).

- The importance of social relations in understanding knowledge creation, retention, and transfer

  - In what ways might tie strength affect the creation and retention of knowledge?

  - How does the degree of asymmetry among the members of a dyad affects knowledge management outcomes?

  - How do informal networks affect the knowledge management process?

  - Are some network configurations more effective at creating and retaining knowledge than others?

  - Do certain network positions endow the occupants of those positions with differential advantages or liabilities relative to other positions in the network?

- Knowledge management outcomes are affected by the "fit" or congruence between properties of knowledge, properties of units, and properties of relationships between units

  - Which are the mechanism through which fit affects learning and knowledge management outcomes?

  - Does fit affect opportunities to transfer knowledge by making members more aware of other knowledge from which they would benefit?

  - Does fit affect ability by making the knowledge easier to understand?

  - Which are the dimensions of fit?

- How can we specify a priori when components fit each other and when they do not?

- Are there conditions under which having dissimilar components that do not fit each other would be more beneficial for learning outcomes?

– The significance of where organizational boundaries are drawn for knowledge transfer

- Are organizational units more likely to benefit from internal than external knowledge?

- Are organizational members more likely to value knowledge from external than from internal sources?

- Under which conditions do organizational members value internal versus external knowledge?

- Under which conditions is using internal versus external knowledge more (or less) likely to improve a unit's performance?

- Which are the mechanisms through which organizational boundaries affect knowledge transfer?

- Do boundaries affect member's social identity which in turn affects knowledge transfer?

- Do boundaries affect the extent to which knowledge is understood and thus affect member's ability to transfer knowledge?

- Do boundaries affect the rewards members receive and their motivation to transfer knowledge or do boundaries affect member's awareness of knowledge and the opportunities to transfer it?

– How different types of experience have different effects on learning outcomes

- Which are the mechanisms through which experience affects learning outcomes?

- Do different types of experience provide organizational members with a better understanding of the task and thus, increase their ability to manage knowledge?

- Which are the conditions under which experience is most beneficial (or harmful) for learning outcomes?

- How does experience translate into the development of capabilities at firms?

- The effect of environmental factors on learning outcomes in firms

  - How do "ecologies" of learning affect a focal firm?

  - How does learning by other firms affect a focal firm?

  - How does learning by populations of firms affect a focal firm?

- The importance of embedding organizational knowledge in a repository so that it persists over time

  - By which process is knowledge embedded in rules and routines?

  - What is the effect of such embedding on group and organizational outcomes?

  - How do properties of units, properties of relationships, and properties of knowledge affect whether knowledge persists through time or whether it depreciates?

Es darf gewollt werden.
Plädoyer für eine Renaissance der Tugendethik

Christian Lautermann/Reinhard Pfriem

> „Nur wer für den Augenblick lebt, lebt für die Zukunft."
> (Heinrich von Kleist)

Begriffliche Vorklärungen

Der Frage, ob denn die Governanceethik (auch) als Tugendethik verstanden werden könne oder solle, ist die Klärung voranzustellen, was wir zu Beginn des 21. Jahrhunderts mit dem Begriff der Tugend machen sollen: endgültig als altbacken und überholt über Bord werfen oder in bestimmter Perspektive neu bedenken?

Die erste Vorklärung hat daran zu erinnern, dass über zwei Jahrtausende menschlichen Denkens die philosophische Konstruktion der Einheit von Tugend und Glückseligkeit galt. Bei Aristoteles hieß es: „Das oberste dem Menschen erreichbare Gut stellt sich dar als ein Tätigsein der Seele gemäß der ihr wesentlichen Tugend."[1]

Aristoteles wird in marktwirtschafts- und kapitalismuskritischen Kontexten immer wieder wegen seiner fundamentalen Unterscheidung zwischen Ökonomik und Chrematistik zitiert (und geschätzt) und damit wegen seiner Weitsicht, was das Auseinandertreten zwischen Gemeinwohl und egoistischen Motiven angeht. Das oberste dem Menschen erreichbare Gut(e) wurde aber dennoch als ein Ganzes gedacht. Auch

---

[1] Aristoteles 1969, 1098a, S. 16 ff. Vgl. auch Höffe 1998.

Spinoza wendet sich noch ausdrücklich gegen die Vorstellung, gut sein und glücklich sein auseinandertreten zu lassen: „Die Glückseligkeit ist nicht der Lohn der Tugend, sondern die Tugend selbst."[2] Kant radikalisiert diese Einheitsidee sogar noch einmal: „In dem höchsten für uns praktischen, d. i. durch unseren Willen wirklich zu machenden, Gute, werden Tugend und Glückseligkeit als notwendig verbunden gedacht."[3]

Bis einschließlich der Aufklärungsphilosophie und ihrer romantischen Kritik bzw. Ergänzung war diese Einheitsidee das wesentliche weltanschauliche Fundament abendländischer Gesellschaften. Den ersten Anschein historischer Kontingenz vermochten erst Überlegungen zur Dialektik der Aufklärung[4] und postmoderne Infragestellungen[5] zu erwecken.

Historisch kontingent ist auf Seite der Tugend natürlich auch das, was der Sache nach darunter verstanden wird. Greift man etwa auf die klassische Lehre der Kardinaltugenden zurück, dann erweisen sich Tapferkeit, Besonnenheit, Klugheit und Gerechtigkeit als einer je konkret-historisch stimmigen Interpretation bedürftig und sind in ihrem wesentlichen Gehalt schon für den bisherigen Gang der abendländischen Geschichte bemerkenswerten Veränderungen unterworfen, insbesondere die Tapferkeit.[6]

Aus der Idee der Einheit von Tugend und Glückseligkeit ergibt sich übrigens keineswegs zwangsläufig, inwiefern der potentiell tugendhafte Mensch selbst noch Anstrengungen zu unternehmen hat und welcher Art diese sind. Allerdings ist schon von Sokrates überliefert, dass er darum wusste, dass moralische Kompetenz nicht durch Formeln oder Definitionen der Tugend entsteht, sondern durch das Erleben, aus eigener Kraft verantwortlich zu handeln: „Die Tugend hat der Schüler in sich selbst, und er muss sie auch selbst hervorbringen."[7]

Die Entwicklung der modernen Gesellschaften hat die philosophische Konstruktion der Einheit von Tugend und Glückseligkeit inzwischen widerlegt. Kapitalistische Marktwirtschaften funktionieren so, dass Glück – jedenfalls in seiner materiellen Dimension – zuweilen gerade durch Verzicht auf Tugend begünstigt wird. Die Frage lautet, wie unter

---

[2] Spinoza 1977, V. Teil, Lehrsatz 42.

[3] Kant 1974, S. 241 f.

[4] Horkheimer/Adorno 1969.

[5] Lyotard 1987; vgl. A. Welsch 198 und 1996.

[6] Vgl. Höffe 1993, S. 155.

[7] Pieper 1991, S. 117.

den gegenwärtigen gesellschaftlichen Bedingungen Tugend wieder erfolgreich in die Welt gebracht werden kann. Dafür reicht sicher nicht die bloße Klage über den „Verlust der Tugend".[8] Und schon gar nicht hilft die affirmative Beschwörung alter oder gegebener Werte[9] – diese ginge nicht nur an den real existierenden Pluralitäten heutiger Gesellschaften völlig vorbei; Werte als solche stehen auch noch nicht in der Pflicht, sich in der schmutzigen wirklichen Welt zu behaupten. Unser Verständnis von Tugend und Tugendhaftigkeit zielt demgegenüber gerade darauf, ethisch-moralische Sauberkeit und schmutzige wirkliche Welt zusammenzubringen.

Wir kommen weiter, wenn wir die Argumentation präzisieren, in welcher Negativabgrenzung eine Renaissance von Tugend(ethik) sowohl erwünscht wie auch notwendig ist (jedenfalls in dem Rahmen, in dem darüber Konsens besteht, dass moralische Werte im modernen Wirtschaftsleben systematisch zu kurz kommen). Diese Negativabgrenzung, die uns Tugendethik plötzlich ganz modern erscheinen lässt, ergibt sich gegenüber der Pflichtenethik. Rippe und Schaber verweisen in einem Sammelband zur Tugendethik auf die These der Cambridger Philosophin Elizabeth Anscombe von bereits 1958, dass die Begriffe des moralischen Sollens und der moralischen Pflicht auf den Index gesetzt werden sollten.[10] Anscombe hatte dies als Gesetzeskonzeption der Ethik bezeichnet[11] und damit genau das markiert, was wir als philosophische Einheitskonstruktion kennzeichnen. Eine solche deontologische Konstruktion der Ethik lässt sich allein im Rahmen des Vollzugs einer (göttlich oder wie auch immer) gegebenen Ordnung theoretisch legitimieren, freilich nicht im Horizont prinzipieller Zukunftsoffenheit und Kontingenz menschlicher Geschichte. Im Horizont offener Zukünfte zerbröselt die Überzeugungskraft aller Reden über Pflichten. Eben dies allerdings führt zur Renaissance von Tugend(ethik) und dazu, das menschliche Individuum mit seinen Handlungsoptionen neu in Würde zu setzen: „Pflichten machen Menschen tendenziell gleich, erst Verantwortung macht sie zu Indivi-

---

[8] MacIntyre 1987.

[9] Neben Populärfassungen wie Wickert 1994 sei darauf hingewiesen, dass hier die zentrale Schwäche des Kommunitarismus liegt; zu dessen Diskussion s. Zahlmann 1992.

[10] Rippe/Schaber 1998, S. 7.

[11] Vgl. auch die deutsche Fassung Anscombe 1974.

duen."[12] Der Begriff der Verantwortung richtet sich im Gegensatz zu jenem der Pflicht mit ganzem Pathos auf menschliche Freiheit in dem Sinne, dass die konkreten Inhalte ethisch rechtfertigbaren Handelns eben nicht vorgegeben sind, sondern immer wieder neu gesucht und gefunden werden müssen. Die aktuell erneut heiße Debatte über biologische Determinierungen menschlicher Freiheit[13] vermag unsere Selbstzuschreibungen nicht aus der Welt zu schaffen: dass wir so oder anders entscheiden und handeln können, ob und gegenüber wem wir Verantwortung tragen wollen.

Wir können also zum einen formulieren, dass im 21. Jahrhundert keine Sollens- = Pflichtenethik mehr möglich ist, wohingegen eine Wollens- = Tugendethik nötig ist, wenn überhaupt Ethik zur Geltung kommen können soll. Inwiefern sie auch möglich ist, davon wird im Folgenden unter anderem mit empirischem Bezug noch die Rede sein. Und aus demselben Grunde, nämlich der prinzipiellen Zukunftsoffenheit = Kontingenz menschlicher Geschichte nach vorn, dürfen wir die inhaltlichen Bestimmungen dessen, was als ethisch ausgezeichnet werden soll, nicht länger voraussetzen und damit als black box behandeln, sondern müssen darüber reden, wenn wir über Ethik reden wollen. Höffe etwa relativiert den klassischen Inhalt der Kardinaltugend Tapferkeit für die heutige Zeit und plädiert für die Präzisierung oder Korrektur als ökologische Gelassenheit.[14]

1. Das kulturwissenschaftliche Umstellen von Pflichten- auf Tugendethik

Dass gerade für unternehmenstheoretische Forschungen eine kulturwissenschaftliche Herangehensweise neue Perspektiven zu öffnen vermag, haben wir von der Oldenburger Forschungsgruppe Unternehmen und gesellschaftliche Organisation (FUGO) im letzten Jahr in einem umfangreichen Sammelband begründet und erläutert.[15] Wir selbst neigen dazu, unter dem Gesichtspunkt der wissenschaftlichen Fruchtbarkeit insbeson-

---

[12] Bauman 1995, S. 87.

[13] Vgl. die Beiträge in Geyer 2004.

[14] Höffe 1993, S. 155 ff.

[15] Hrsg. Forschungsgruppe Unternehmen und gesellschaftliche Organisation (FUGO) 2004.

dere auch für empirische Forschungen vorrangig drei Aspekte dieser kulturwissenschaftlichen Herangehensweise auszuzeichnen, nämlich die Einsicht in:

- die kulturelle Aufgeladenheit aller ökonomischen Aktivitäten,

- die Diversität, Pluralität, Heterogenität dieser Aufgeladenheiten, sowie

- dass eben aus dieser Diversität, Pluralität, Heterogenität Innovation und Wandel resultiert.

Die kulturelle Aufgeladenheit der ökonomischen Aktivitäten verweist auf Sinnbezüge, die von ökonomischen Akteuren ihren Handlungen gegeben werden. So gedacht, könnten das Sinnzuschreibungen sein, die von Käuferinnen oder Käufern eines Produktes oder einer Dienstleistung mit dem Erwerb dieses Produktes oder dieser Dienstleistung verbunden werden. Als Beispiele seien genannt: viel Fleisch und Wurst für einen einfachen geselligen Grillabend, oder erlesene Weine und Feinkost für einen Abend, mit dem anderen der eigene kultivierte Lebensstil vorgeführt werden soll; ein Renault Kangoo, weil man zwar ein Auto braucht, für sich selbst oder andere aber vor allem dabei auf die Nützlichkeit konzentrieren will, oder ein Geländewagen, welcher Marke auch immer, in der Hoffnung, sich beim Autofahren damit ein protzigeres Lebensgefühl geben zu können.[16] Solche Sinnzuschreibungen finden ebenso statt auf der anderen Seite der ökonomischen Interaktion, bei den Anbietern. Die Geschäftsführung eines Fernsehsenders, die vor allem auf Produktionen setzt, wo Menschen die intimsten Verletzungen und Probleme an die allgemeine Öffentlichkeit tragen, spekuliert auf das Geschäft mit einem dafür wachsenden Bedarf und findet dessen Befriedigung in dieser Form in Ordnung. Die Leitung eines auf Kultur spezialisierten Rundfunksenders mag von dem Willen getragen sein, Positives zur kulturellen Bildung der Menschen beizutragen.[17]

Wie gehen wir vernünftig um mit der Beziehung von Kultur und Sinn? In bemerkenswerter Weise hat sich damit in den letzten Jahren

---

[16] Damit machen wir natürlich deutlich, dass erst recht die Sinnzuschreibungen der Beobachter werthaltig sind.

[17] Zur Symbolökonomie und den Folgen für das Strategische Management ist gerade eine ausgezeichnete, an meinem Lehrstuhl verfasste Dissertation erschienen: Fischer 2005.

Kogge auseinandergesetzt. Er startet die diesbezügliche Überlegung mit dem schlichten Befund: „Wenn wir Kulturen als Sinnzusammenhänge begreifen wollen, darf der Sinnbegriff nicht durch das ‚Kulturelle' erklärt werden: Eine solche kurzschlüssige Tautologie lehrt gar nichts."[18] Im Folgenden kritisiert Kogge zwei mögliche Bestimmungen von Sinn: zum einen solche über die Intentionen der Handelnden, zum anderen solche, die nach seinem Dafürhalten zu einseitig materialistisch Sinn in Sinnlichkeit zu verankern suchen. Kogges Begriff von Sinn fokussiert auf die von ihm so bezeichneten sozialen Regularitäten: „Ort und Träger von Sinn sind also nicht in erster Linie materielle Konfigurationen, sondern Weisen der Orientierung in Lebensformen, die sich auf die Normalität von Zuständen, auf die Bekanntheit von Gebrauchsweisen und auf übliche Formen des Verlaufs stützen, kurz: auf ‚Konventionen'."[19]

Um eine zu einseitig materialistische Verankerung von Sinn in Sinnlichkeit abzulehnen, muss man kein radikaler Konstruktivist sein, wie Kogge zutreffend feststellt. Dass man nicht sieht, was man nicht sieht, zeigt sich etwa weiterhin an der nach wie vor großen Zahl von Unternehmen, für die die ökologische Herausforderung keine ist und die mit Nachhaltigkeit im weiteren Sinne auch nichts am Hut haben. Die – individuellen oder auch kollektiven bzw. organisationalen – Sinnbestimmungen kommen zustande über spezifische Selektionen, was gesehen wird und was nicht. Und diese Selektionen sind sozial, historisch, kulturell konfiguriert, nicht sinnlich bestimmt.

Schwieriger wird es bei der von Kogge schnell und als erstes vorgenommenen Negativabgrenzung zu Handlungsabsichten (er verweist etwa auf das Zustandekommen eines neuen Musikstils, der darüber nicht erklärt werden könne). Abgesehen von der Fragwürdigkeit des Beispiels:[20] Selbstverortungen, Orientierungsbemühungen von Akteuren ließen sich im Weiteren ja auch über Intentionalität erklären. Etwa: Ich will mit diesem oder jenem Ess- oder Trink- oder Drogenverhalten zu dieser oder jener Szene gehören.

---

[18] Kogge 2002, S. 209.

[19] Ebd., S. 216.

[20] Musiker wie Bill Haley, Elvis Presley, die Beatles oder die Rolling Stones wollten schon recht intentional etwas Neues kreieren.

Gewichtiger dafür, in der Intentionalität von (individuellen oder kollektiven) Akteuren nicht den Ort und Träger von Sinn zu identifizieren, scheint uns etwas anderes zu sein. Der Sinn,

- über den ein bestimmter Musikstil irgendwann eingeordnet werden mag,

- der unter gegebenen (sich verändernden!) historischen Bedingungen der Nationalgeschichte eines Landes gegeben wird,

- von dem Vorstellungen von gesellschaftlich Wünschenswertem oder gesellschaftlichem Fortschritt getragen sind,

- auch: der Sinn, unter den akademische Ausbildung an Universitäten vor allem gestellt wird,

all dieser Sinn, der mit vielen weiteren Beispielen illustriert werden könnte, ist schon deshalb nicht vernünftig über Intentionalität herzuleiten, weil es bei den genannten Fällen und allen weiteren, die angeführt werden könnten, im Ergebnis um ein komplexes soziokulturelles Kräfteparallelogramm geht, dessen Gestalt gar nicht vorhergesehen werden kann; in unseren Termini hier: in dem keine Intention völlig aufgeht.

Die von Kogge in dieser Passage gebrauchten Begriffe der Normalität, Bekanntheit und Konventionen liegen im Zweifel zu nah an Vorstellungen homogener Wertbildungsprozesse. Das genannte Kräfteparallelogramm ist deshalb alles andere als die Summe der eingegebenen Intentionen (auch nicht im weiteren Sinne von Selbstverortungen!), weil diese Intentionen im praktischen Geflecht rekursiver Verschränkungen sich permanent modifizieren. Die prinzipienfestesten, dabei aber unflexiblen Menschen sind heute am ärmsten dran, weil sie die Entwicklungschancen ignorieren, die gerade durch vernünftige Modifikationen eigenen Handelns infolge permanenter sozialer Interaktionen gegeben wären. Und wer seine Intentionen stur gegen die Wirklichkeit am stärksten stabil hält, wird ihnen am wenigsten nahekommen.

Diversität, Pluralität, vor allem auch Heterogenität (jedenfalls nicht: Homogenität) der Sinnzuschreibungen und Selbstverortungen gehören zu den grundlegenden Wesensmerkmalen heutiger Gesellschaften, jedenfalls in den frühindustrialisierten Ländern. Das von uns gerade genannte Kräfteparallelogramm lässt sich mit einem Schlüsselbegriff von Castoriadis als gesellschaftliche imaginäre Bedeutung charakterisieren, die, wir wiederholen: nicht als Summe der in den Prozess eingegangen Akteursintentionen (oder eines Teils davon) verstanden werden kann, sondern als durchaus emergentes Phänomen verstanden werden muss. Wir zitieren immer wieder gerne, dass Castoriadis diese Rolle, gesellschaftliche imaginäre Bedeutung zu sein, nicht zuletzt auch der Ökonomie als solcher zugeschrieben hat (gemeint ist damit natürlich die Ökonomik als Wissenschaft mit bestimmten Bildern von ihrem Gegenstand Ökonomie). Für Castoriadis sind „die ‚Ökonomie‘ und das ‚Ökonomische‘ zentrale gesellschaftliche imaginäre Bedeutungen, die sich nicht auf ‚etwas‘ beziehen, sondern die umgekehrt den Ausgangspunkt darstellen, von dem aus zahllose Dinge in der Gesellschaft als ‚ökonomisch‘ vorgestellt, reflektiert, behandelt beziehungsweise zu ‚ökonomischen‘ gemacht werden.“[21]

Die auch in Buchform von Huntington (1996) verbreitete Formel vom „Clash of Civilizations" hat in Zusammenhang mit dem 11. September 2001 und dem Irak-Krieg den Gedanken in der deutschen Debatte eher negativ besetzt, insofern der deutsche Buchtitel „Kampf der Kulturen" eine ziemliche Fehlübersetzung darstellt. Wenn gemäß dem deutschen Sprachgebrauch nicht von Kampf gesprochen wird, sondern von Wettbewerb, macht es Sinn (als eigene gesellschaftlich imaginäre Bedeutung), sich heutige Gesellschaft als Ort oder als Raum vorzustellen, wo die verschiedensten kulturellen und normativen Orientierungen im Wettbewerb stehen. Absichtsvoll oder nicht ringen sie in diesem Wettbewerb um Hegemonie: Indem sie sich entfalten, versuchen sie zwangsläufig stärker zu werden und andere (die sich auch als konkurrierende Sinnangebote verstehen lassen) zurückzudrängen. Das lässt sich übrigens sehr gut anschließen an die Überlegungen zum Ringen um Hegemonie, die der italienische Kommunist Antonio Gramsci (damals allerdings noch bezogen auf den Dualismus von Kapital und Arbeiterklasse) schon vor dem Zweiten Weltkrieg angestellt hat.[22]

Aus den Verschiebungen, die sich während des auf Hegemonie zielenden Ringens verschiedener kultureller und normativer Orientierungen ergeben, resultiert gesellschaftlicher Wandel. Und die Modifikationen intentionaler Handlungen von individuellen oder (etwa als Organisationen) kollektiven Akteuren lassen sich als Versuche begreifen, die Dinge anders anzupacken als Innovationen. Solche Innovationen spannen sich bei Unternehmen als ökonomischen Akteuren der Anbieterseite auf von

---

[21] Castoriadis 1984, S. 592.
[22] Siehe die deutsche Fassung, Gramsci 1967.

neuen Produktionsverfahren über Produkte, Dienstleistungen, die systemische Ebene, die Organisation bis zu institutionellen Veränderungen. Komprimierter lassen sich für die verschiedenen Innovationstypen insofern eine technisch-physische, eine systemische und eine kulturelle Sphäre unterscheiden.[23]

Damit können wir nun einen wichtigen Bogen schlagen zu den ethischen Konsequenzen. Vor allem ergeben sich zwei:

1. Die Pluralität, Diversität, Heterogenität kultureller und normativer Vorstellungen ist insofern ethisch absolut relevant, weil auf diese Weise darüber aufgeklärt wird, dass es auf ethisch-moralischem Felde keinen antagonistischen Kampf von Gut gegen Böse gibt, sondern ein breit aufgefächertes Spektrum solcher Vorstellungen, die je konkret unter ethischen Gesichtspunkten geprüft werden müssen und wo das Ergebnis dieser Prüfung mindestens nicht vorab schon feststehen kann.

2. Jeder individuelle und jeder kollektive Akteur steht in direkter Verantwortung, in Richtung welcher gesellschaftlich imaginären Bedeutungen er agieren will, welche er sich zu Eigen machen und unterstützen, gegen welche er opponieren will. Auch für das Wirtschaftsleben und für die Beziehung zwischen Wirtschaft und Ethik gilt, dass der Verweis auf Sachzwänge keine angemessene Legitimation für ethisch zweifelhaftes oder ablehnungsbedürftiges Handeln darstellt.

Dieser zweite Gedanke ist vielleicht noch etwas zu präzisieren. Spontan könnten ja viele Gegenbeispiele angeführt werden, etwa das „Erfordernis" von Entlassungen, wenn im Wettbewerb die Auftragslage dramatisch zurückgegangen ist und dies nach gerne so bezeichneten ‚beschäftigungspolitischen Anpassungen' verlangt. Natürlich gibt es in der Ökonomie das Phänomen tragischer Situationen im klassischen Sinne, wo nur zwischen Entscheidungen gewählt werden kann, die allesamt unbefriedigend sind. Wie unterschiedliche unternehmenspolitische Umgangsweisen lehren, können aber auch solche direkt erforderlichen Auseinanderset-

[23] Paech/Pfriem 2004, S. 62. Es handelt sich hier um die Basisstudie 1 im Rahmen der Ergebnisse des vom BMBF geförderten Projektes summer – sustainable markets emerge (www.summer-net.de), das von Frühjahr 2001 bis Frühjahr 2004 an meinem Lehrstuhl durchgeführt wurde. Der Endbericht ist im selben Verlag erschienen (Fichter/Paech/Pfriem 2005).

zungen mit Auftragsrückgängen beschäftigungspolitisch sehr unterschiedlich bearbeitet werden. Hinzu kommt ein gleichsam ökonomisches Argument gegen die nach wie vor in Unternehmer- und Wirtschaftskreisen verbreitete Sachzwangideologie: Konnte man für die Fabrikgesellschaft des 20. Jahrhunderts insbesondere bis etwa zu dessen 70er Jahren und damit dominierender Massenproduktion sowie entsprechender Weiterentwicklung von Fertigungs- und Produkttechnologien noch eher der gesellschaftlich imaginären Bedeutung verfallen, erfolgreiches Wirtschaften sei ein durch technischen Fortschritt exogen gesteuerter Prozess, so hat der verkoppelt mit den elektronischen Informationstechnologien gegenwärtig stattfindende Strukturwandel eine Qualität erreicht, die jede Prognose über die wirtschaftlich-technische Struktur einer frühindustrialisierten Gesellschaft für Mitte des 21. Jahrhunderts zur Scharlatanerie werden lässt.

Bestandteil dieses wirtschaftlichen Strukturwandels ist übrigens ein neuer Schub für Unternehmensgründungen, der wissenschaftlich begleitet wird von einer Schumpeter-Renaissance[24], einer Publikationswelle zum Thema Entrepreneurship[25] sowie der Schaffung vieler betriebswirtschaftlicher Professorenstellen dazu.[26]

Die Verantwortung, die in ethischer Hinsicht bezüglich der eigenen Rolle bei der Emergenz gesellschaftlich imaginärer Bedeutungen gestellt ist, lässt sich in keiner Weise pflichtenethisch konstruieren. Pflichten gehen vor allem auf Bekanntes zurück. Hier haben wir es lebensunternehmerisch[27] wie speziell aus der Warte von Unternehmensorganisationen mit dem Horizont einer prinzipiell offenen Zukunft zu tun. Allenfalls lassen sich unterschiedliche, also in ihrer Qualität heterogene Entwicklungspfade in den Blick nehmen, ohne Gewissheiten, welcher sich durchsetzt. So sieht etwa Nefiodow[28], der sich die Theorie der langen Wellen von Kondratieff zu Eigen gemacht hat und einschließlich der aktuellen Informationstechnologie seit Beginn der Industrialisierung fünf solcher

---

[24] Hauptquelle dazu Schumpeter 1997.

[25] Exemplarisch dazu Faltin et al. 1998 sowie Aulinger 2004; vgl. auch das dritte Kapitel in Pfriem 2004.

[26] Just in diesen Monaten startet auch an der Carl von Ossietzky Universität Oldenburg eine solche.

[27] Zum Begriff des Lebensunternehmertums s. Günther/Pfriem 1999, S. 118 ff.

[28] Nefiodow 1997.

langen Wellen registriert, fünf unterschiedliche Kandidaten für den „Kondratieff sechs".[29]

Ob mit Bezug auf diese Theorie oder nicht – für die Führungen der Unternehmensorganisationen kommt es jedenfalls mehr denn je darauf an, das Unerwartete zu managen.[30] Strategisches Management als Umgang mit Ungewissheit (soziologisch und insbesondere philosophisch: Kontingenz) besteht demgemäß vor allem in Suchprozessen. Jeder Blick in diesen Suchprozessen ist selektiv; die Augen können nicht für alles geöffnet werden. Die notwendigen blinden Flecken lassen sich freilich mehr oder weniger intelligent organisieren. So sehr die Akteure dabei neurobiologisch geleitet sein mögen[31], treffen sie Entscheidungen, die sie auch anders treffen könnten, und die Situationen, aus denen sie schöpfen, sind unerschöpflich.[32] Daraus folgt: Kontingenz.

Die von uns vertretene kulturwissenschaftliche Herangehensweise setzt sich, das sei zur Vermeidung von Missverständnissen noch einmal akzentuiert, also deutlich ab von jenem normengeleiteten soziologischen Handlungsmodell, das die Akteure vor allem durch kulturelle Normen determiniert sieht.[33] Vielmehr haben wir es mit Selbstschöpfungsprozessen zu tun, die nicht nur in Situationen stattfinden, sondern auch durch längerfristige kulturelle Einbettungen geprägt werden. Im Anschluss an Giddens' Figur der rekursiven Beziehung von Handeln und Struktur lässt sich sprechen von einer Rekursivität zwischen dem Sinn suchenden Generieren von Werten und dann auch Normen auf der einen Seite und bestehenden Werten und Normen auf der anderen Seite, die das Handeln beeinflussen, und zwar, wie bei Giddens, nicht nur in restringierender, sondern insbesondere auch in ermöglichender Weise.

---

[29] Das ist natürlich nur eine Möglichkeit. Man kann die vermutlichen Kandidaten selbstverständlich auch anders definieren.

[30] So der Buchtitel von Weick/Sutcliffe 2001. Zum Umgang von Unternehmen mit prinzipiell ungewisser Zukunft und zu dessen Notwendigkeit vgl. auch Steinmüller/Steinmüller 2003 sowie Burmeister et al. 2004.

[31] Der oben schon angeführte, derzeit sehr modische Strang von Hirnforschung blendet die unhintergehbare Gegebenheit sozialer Interaktionen in bemerkenswertem Ausmaß aus.

[32] Philosophisch gründlich dazu Schmitz 2005.

[33] Für diese Klarstellung steht in den vergangenen Jahren besonders gründlich Reckwitz 2000.

Erneut zu den ethischen Konsequenzen. Aus all dem ergibt sich, dass es vernünftiger ist, von real existierenden konkreten Moralen zu reden bzw. diese zu untersuchen als von abstrakten Moralprinzipien, die zudem die Suggestion mitlaufen lassen, als ob um das Gute gewusst würde. Noch einmal anknüpfend an die von Höffe zitierten klassischen Kardinaltugenden folgt für uns statt einer Neudefinition eher ein prinzipielles Fragezeichen: Ob man die Tapferkeit nun als solche neu definiert oder durch ökologische Gelassenheit ersetzt[34], Kardinaltugenden in dieser Form liegen in der Abstraktionsstufe zu hoch. Klugheit ist nicht deduktiv bestimm- oder bestätigbar, sondern allein über die konkrete Analyse der konkreten Situation. Genau in dieser Richtung heißt es bei Müller:

> „Im Unterschied zu solchen „konstruktiven" Moraltheorien versucht die Tugendethik in erster Linie, tatsächlich gebräuchliche moralische Begriffe und Begründungsmuster nachzuzeichnen, dem Verstehen zu erschließen und in den Zusammenhang des menschlichen Lebens einzuordnen. Und selbst wo sie auf strittige Fragen antwortet oder überkommene Vorstellungen kritisiert, geht sie nicht von einer vorgefaßten Konzeption des Vernünftigen, Guten oder Richtigen aus, sondern von einem vertieften Verständnis der Denk- und Motivationsmuster, genauer: der „Rationalitätsprofile", die den Kern der faktischen Moral ausmachen."[35]

Wir formulieren also lieber: Die Tugendhaftigkeit im neuen modernen Sinne besteht in der Ernsthaftigkeit, mit der die individuellen und kollektiven Akteure darum ringen, den an sie herangetragenen Herausforderungen gerecht zu werden. Vor dem Hintergrund von Zukunftsoffenheit, Kontingenz und damit dem zwangsläufigen Geschehen von Innovation lassen sich individuelle und organisationale Tugenden dergestalt typologisieren, dass damit die Abwendung von der bloßen Pflichtenethik noch einmal unterstrichen wird, nämlich in:

– Tugend der (eher passiven) Anpassung,

– Tugend des loyalen Engagements, und

– Tugend des (potentiell kritischen) Innovationsgeistes.

---

[34] So der Vorschlag in Höffe 1993.

[35] Müller 1998, S. 32.

Auch in der Anwendung auf Unternehmensorganisationen gilt, dass alle drei Typen ihren Wert haben mögen. So kann es für eine Unternehmung durchaus tugendhaft sein, sich an bestehende Gesetze und Verordnungen zu halten in Bereichen, in denen das keineswegs selbstverständlich ist, oder Wettbewerber zu imitieren, die gesellschaftlich wertvollere Produkte oder Dienstleistungen auf den Markt gebracht haben. Die gerade genannte Unterscheidung können wir noch eine Stufe weiter präzisieren, indem wir das Verhalten eines Individuums oder einer Organisation auf gegebene Regeln beziehen. Wir differenzieren dann in:

- unterwürfige Regelbefolgung,

- bewusste Regeleinhaltung,

- (potentielle) Regelinfragestellung, und

- (potentiellen) Regelbruch.

Eine kulturwissenschaftliche Herangehensweise, so haben wir erläutert, befreit von dem Druck, ethisch-moralische Werte affirmativ zur Geltung bringen zu müssen. Sie erlaubt, ja erfordert eigentlich sogar in jeder konkret-historischen Situation Parteilichkeit, aber sie schreibt sie nicht vor, sie behauptet die ethisch-moralische Haltung in der Situation nicht als etwas vorher Gewusstes oder gar aus längst Gewusstem Ableitbares. Was in der konkreten historischen Situation das ethisch Richtige ist, muss jede(r) sich in dieser Situation neu erarbeiten. Das heißt nicht, dass es keinerlei Entscheidungs- oder Orientierungskriterien gäbe, die dafür heranzuziehen wären. Welche Entscheidungs- oder Orientierungskriterien wirklich herangezogen werden, liegt aber angesichts deren heterogener Vielfalt selbst wiederum in der Entscheidung der Akteure.

Josef Wieland hat im Rahmen der Ausarbeitung seiner governance-ethischen Konzeption den Begriff der moralischen Güter stark gemacht.[36] Aufbauend auf den mit diesem Text vorgetragenen Überlegungen zu gesellschaftlich imaginären Bedeutungen und tugendethischen Herausforderungen ergibt sich ein wichtiger Kommentar: Es sollte unbedingt das Missverständnis vermieden werden, als handele es sich bei bestimmten Gütern im Sinne der ökonomischen Theorie um moralische Güter, bei anderen nicht. Wenn wir einmal verstanden haben, dass die

---

[36] Vgl. jüngst dazu den Text von Wieland/Fürst in Lautermann/Pfriem/Wieland et al. 2005.

Sachzwang- oder Effizienzideologie, mit der die kapitalistische Markt-
wirtschaft traditionell einhergeht, selbst eine gesellschaftlich imaginäre
Bedeutung darstellt und nicht eine unbestreitbare objektive Tatsache,
dann gehört es gerade zu den interessanten Seiten des soziokulturellen
Kräftespiels, welche Güter von welchen gesellschaftlichen Akteuren im
vordergründigen Sinn auch ausdrücklich moralisch-politisch belegt werden und welche nur indirekt über die vermeintliche Logik der Sache.
Etwa gab es in den 70er Jahren des 20. Jahrhunderts als Gegenpol zur
hochmoralisch daherkommenden Anti-AKW-Bewegung zwar auch
einige Ideologen der strahlenden Zukunft, vor allem aber solche Vertreter
in Wirtschaft und Politik, die das Moralisieren denunzierten und auf die
Effizienz- und sogar vermeintlichen Umweltvorteile der Atomenergie
hinwiesen.[37] Für den Verwendungszusammenhang des Begriffs der moralischen Güter empfiehlt sich also eine offene und veränderbare Haltung
dazu, was die moralische Belegung von Gütern angeht.

Die Verbindung des Erkenntnis- und Forschungsgegenstands Governance bzw. Steuerung mit dem Bemühen um eine eigene wirtschafts- und
unternehmensethische Konzeption und deshalb der Ausgangspunkt bei
Josef Wieland ist übrigens deshalb so angemessen, weil die Bedingungen
und Möglichkeiten ethisch gehaltvollen Handelns nur im Horizont sozialer Interaktionen und präzise nur bezogen auf real existierende gesellschaftliche Governancestrukturen analysiert werden können. Die Governanceethik – das macht sie sowohl zutreffend wie sympathisch – ist von
vornherein auf Vermittlung aus, als ethische Konzeption, die sich aus
dem wirklichen Leben erklären will und für das wirkliche Leben Anwendung finden soll.

Solche Vermittlung ist überhaupt nicht gleichzusetzen mit Opportunismus. Fundamentalethische Konzepte[38] behaupten natürlich eben dieses, landen aber selbst in der Sackgasse, eine ethisch-moralische Reinheit
einzufordern, die schon auf der Ebene der Individuen jenseits der wirklichen Welt angesiedelt ist, erst recht auf der Ebene von Organisationen.

---

[37] Die sie übrigens aus Gründen terminologischer Vorsicht oder Begriffshygiene
lieber als Kernenergie bezeichneten – auch dies Ausdruck des Ringens um gesellschaftlich imaginäre Bedeutungen.

[38] So wollen wir solche ethischen Konzeptionen zusammenfassen, die Ethik einseitig an das wirkliche Leben herantragen und dabei meinen, Ethik von allgemeinen
Prinzipien ableiten zu können.

Auch wenn der positive Bezug Wielands auf die Organisationsökonomik von Williamson manchen zu weit gehen mag[39], so vermag die Governanceethik über die Anerkennung moderner Organisationsverhältnisse sich nicht nur scheinbar mit Unternehmensethik als Organisationsethik auseinanderzusetzen. Im Sinne dieses Textes ist damit die Frage nach der Möglichkeit einer Tugendethik von und für Organisationen aufgeworfen.

Wir werden im nächsten Kapitel dieser Frage empirisch nachgehen, aufbauend auf den Ergebnissen einer Machbarkeitsstudie, die die beiden Verfasser dieses Textes in Zusammenarbeit mit dem Bundesverband Naturkost-Naturwaren, gefördert durch das Bundesprogramm Ökologischer Landbau, Anfang dieses Jahres abgeschlossen haben. Es fügt sich gut, dass der Herausgeber dieses Bandes, Josef Wieland, und sein ehemaliger wissenschaftlicher Mitarbeiter Michael Fürst, der in Oldenburg promoviert hat, als wissenschaftliche Kooperationspartner bei der Machbarkeitsstudie mit von der Partie waren. Nach unserer Ansicht fügt sich das empirische Material ausgezeichnet in die hier vorgetragene Argumentation. Denn die daran beteiligten Unternehmen der Naturkostbranche (wie andere in diesem Feld auch) sind vor einem Vierteljahrhundert mit sehr heterogenen Motivlagen, aber einer verbindenden Vorstellung einer „besseren" – ökologischen – Qualität von Lebensmitteln gestartet. Daraus entwickelte sich über die verbandsmäßige Organisation und Institutionalisierung eine Art Pflichtenethik, die in den Zertifizierungskriterien der entstandenen Bioverbände jeweils einen unterschiedlichen Niederschlag fand. Inzwischen haben sich die Zeiten geändert, erfordern Ethikmanagement als Reflexionsinstrument für Agieren unter Ungewissheit und offenen Fragen – in einem unternehmenspolitischen Feld, in dem doch alles so klar schien.

Empirische Bekräftigung: Ethikmanagement in der Naturkostbranche

Unsere Machbarkeitsstudie, die wir unter dem Titel „Ethikmanagement in der Naturkostbranche" vor kurzem veröffentlicht haben[40], ist das Ergebnis eines praxisorientierten Projektes, in dessen Rahmen, auf empirischen Bestandsaufnahmen aufbauend, Hinweise für einen Erfolg ver-

---

[39] Ich glaube, mir auch; R.P.
[40] Lautermann/Pfriem/Wieland et al. 2005.

sprechenden Umgang mit den moralisch-gesellschaftlichen Herausforderungen der Naturkostunternehmen abgeleitet wurden. Konkret bestand
die Hauptaufgabenstellung der Studie darin, die praktischen Möglichkeiten und Erfordernisse von Managementsystemen, die die moralisch-
gesellschaftlichen Aspekte des unternehmerischen Handelns adressieren
(Ethikmanagement)[41], speziell für die Naturkostbranche zu eruieren.
Noch konkreter kann die Zielrichtung des Projektes anhand folgender
Leitfragen beschrieben werden:

– Welchen spezifischen Sinn und Zweck kann die Einführung von
  Ethikmanagementsystemen in der Naturkostbranche haben?

– Durch welche Besonderheiten zeichnet sich die Naturkostbranche hinsichtlich der Probleme aus, die mit einem Ethikmanagementsystem
  bearbeitet werden könnten?

– Wie ist der aktuelle Stand bei den praktizierten Instrumenten und
  Maßnahmen mit (inhaltlichen und konzeptionellen) Bezügen zu Ethik-
  management(systemen)? Welche relevanten Ansätze und Aktivitäten
  bestehen bereits?

– Welche Hindernisse, Potentiale und Erfolgsfaktoren in Bezug auf die
  mögliche Einführung eines Ethikmanagementsystems bestehen in den
  Unternehmen der Naturkostbranche praktisch?

Für die Beantwortung dieser Fragen war neben der engen Zusammenarbeit mit dem Branchenverband die Aufgeschlossenheit und das Interesse
der beteiligten Unternehmen von entscheidender Bedeutung. Mit den Ge-
schäftsführern von elf ausgewählten Unternehmen aus den Bereichen
Herstellung und Großhandel führten wir ausgedehnte qualitative Interviews, welche umfangreiche Informationen, unter anderem zu deren per-
sönlichen Motiven und Weltanschauungen sowie zu der spezifischen
Situation des jeweiligen Unternehmens hervorbrachten.[42]

---

[41] Zur Begriffswahl siehe weiter unten.

[42] Befragt wurden die Hersteller Allos Walter Lang GmbH, Bohlsener Mühle e.K.,
Neumarkter Lammsbräu Gebr. Ehrnsperger e.K., Molkerei Söbbeke GmbH & Co.
KG, Ulrich Walter GmbH/Lebensbaum sowie die Handelsunternehmen Alnatura
Produktions- und Handels GmbH, Bodan GmbH, Dennree Versorgungs GmbH,
C.F. Grell Nachf. Naturkost GmbH & Co. KG, Kornkraft Naturkost und Naturwa-
ren, Terra Handels GmbH.

Der Begriff der Tugend stand dabei zwar nicht zentral im Fokus des Forschungsinteresses, doch konnten über die Interviewleitfragen aus den Gesprächen nicht bloß Indizien, sondern anschauliche Auskünfte über die faktische Bedeutung von Tugend(en) für die Unternehmer gewonnen werden. Insbesondere eine Interviewfrage, die sich auf die damaligen Motive zur Gründung der Unternehmen und die Motivation zur besonderen (ökologischen) Ausrichtung der eigenen Geschäftstätigkeit richtete, brachte aufschlussreiche Erkenntnisse über die „Hinwendung zu einem moralisch aufgeladenen Geschäft".

Die empirischen Befunde bestätigen zunächst, dass Moral und moralisch motiviertes Handeln in den Unternehmen vorliegt und deren Existenz von den Unternehmern auch gesehen und anerkannt wird. Aussagen der Unternehmer wie „Das Thema ‚Ethik und Moral im Unternehmen' muss bedient werden, weil die Mitarbeiter danach verlangen" oder „Moralisieren ist kontraproduktiv, doch Moral ist oft letztes Entscheidungskriterium" bringen diese Tatsache auf den Punkt. Ferner zeigt sich, dass in einem mittelständischen, unternehmergeprägten und ökologieorientierten Wirtschaftszweig wie der Naturkostbranche speziell auch Tugenden ihren Platz hatten bzw. haben. Das unternehmerische Handeln scheint sich vor allem in der Anfangszeit stark an bestimmten Motiven orientiert und auf eine Übereinstimmung mit als gut angesehenen Eigenschaften (Idealen, Werten) abgezielt zu haben – was in den Unternehmen auch nachhaltig seine Spuren hinterlassen hat, beispielsweise was die Produktpalette oder die regionale Ausrichtung der Unternehmen betrifft. Aber nicht nur vor 30 Jahren, sondern auch heute noch prägen Vorstellungen etwa über Ungerechtigkeiten im Welthandelssystem oder ein definiertes ökologisches Bewusstsein die unternehmerische Motivation. Hieran zeigt sich, warum der Tugendbegriff für das unternehmensethische Verständnis dieser Zusammenhänge so angebracht ist; erlaubt, ja erfordert er doch neben dem Tun und Lassen auch, die dahinter liegende Motivation einzubeziehen.[43] Der Blick auf die motivationale Seite dieser Zusammenhänge darf allerdings nicht darüber hinwegtäuschen, dass tugendhaftes Handeln damit immer nur potenziell zum Tragen kommt, aber nicht unbedingt kommen muss. Angesichts der heutigen Situation des Naturkostmarktes (Wachstum, Ausdifferenzierung, Öffnung nach „außen", Verschärfung des Wettbewerbs etc.) wird besonders augenschein-

---

[43] Vgl. Müller 1998, S. 19.

lich, dass gute Motive und Intentionen nicht ausreichen, um tugendhaftes Handeln Realität werden zu lassen und dass „gut gemeint" nicht gleich „gut gemacht" bedeuten muss. Dieser Gemeinplatz darf aber auch nicht zu dem – falschen – Umkehrschluss verleiten, dass es alleine auf die Ergebnisse ankomme. Es gilt immer noch der Hinweis von Marion Gräfin Dönhoff, dass in der Geschichte nicht nur der Erfolg entscheidend ist, sondern auch der Geist, aus dem heraus gehandelt wird.[44] Tugenden haben insofern gewiss auch ihren Selbstzweck, aber für das Verständnis praktizierter Tugendhaftigkeit (z.B. in der Unternehmenspolitik) gilt es, dem *Zusammenhang* zwischen der motivationalen und der Ergebnisseite die Aufmerksamkeit zu schenken. Denn der besagte Geist, aus dem heraus gehandelt wird, hat auch genuin etwas mit den Ergebnissen und letztlich dem Erfolg zu tun. Es ist eben nicht so, dass Erfolg völlig unabhängig von der Motivation und der Gesinnung entsteht bzw. eine tugendhafte Gesinnung dem Erfolg zwangsläufig im Wege steht. Eher ist zu fragen, ob gutes und erfolgreiches Unternehmertum ohne die richtige Gesinnung überhaupt zustande kommen könnte.

Um diesen Zusammenhang klarer werden zu lassen, wollen wir einen Blick darauf werfen, welche Werte, Ideale, Prinzipien, Motivationen und Intentionen effektiv das Handeln der Naturkostunternehmer bestimmt haben und bestimmen. Das empirische Bild bestätigt hier unmittelbar die weiter oben angestellten theoretischen Vorüberlegungen: Bereits eine relativ kleine empirische Basis von elf Unternehme(r)n bringt eine enorme Heterogenität und Diversität bzgl. der Werte und Motivlagen bei der grundsätzlichen Ausrichtung des Unternehmens zum Vorschein. Sehr häufig – nicht ausschließlich – stellen dabei moralische oder moralisch-weltanschaulich gefärbte Intentionen und Motivationen den Leitfaden unternehmerischer (Be)wertungen und Entscheidungen dar. Regionalität, Kleinräumigkeit und Dezentralität als Ideale für nachhaltige Wirtschaftsstrukturen werden genauso genannt wie verschiedene von dem Ökologiegedanken inspirierte Anschauungen. Aber auch Geschäftstugenden wie Zahlungsmoral und Ehrlichkeit werden als handlungsleitende Idealvorstellungen angeführt. Deren persönliche Bedeutung für die Unternehmer wird allerdings vorwiegend dadurch zum Ausdruck gebracht, dass ihr Mangel oder Schwund bei anderen Marktteilnehmern beklagt wird. Die Stellung von Tugend beim unternehmerischen Handeln allge-

---

[44] Vgl. DIE ZEIT Nr. 30, 2001.

mein zeigt sich etwa in der mehrfach geäußerten Haltung, dass Gewinn-
erzielung nicht das Ziel, sondern die Bedingung zur Erreichung der
eigentlichen Ziele sei.

Worauf es für unsere Argumentation nun grundlegend ankommt, ist
die enorme ökonomische Wirkung, die außerökonomische Faktoren wie
Gefühle, Intentionen, Weltanschauungen, Moral usw. haben können. Das
Ausmaß dieser Wirkung wird durch das Beispiel der Naturkostunternehmen in anschaulicher Weise verdeutlicht. Man braucht sich nur das
rasante Wachstum eines Marktes und seiner Unternehmen zu vergegen-
wärtigen, dessen Vertreter teils heute noch als weltverbesserische Spin-
ner abgetan werden. Aber auch ganz speziell anhand einzelner Bereiche
der Unternehmenspolitik können diese Zusammenhänge deutlich gemacht werden: Beispielsweise wie die reflektierten Betrachtungen sozio-
ökonomischer Zusammenhänge und die damit verbundenen fundamentalen Überzeugungen eines Unternehmers, der Wirtschaften entschieden
als Kooperation und Füreinander-tätig-sein verstanden wissen will, auf
die Gestaltung seiner Kunden- und Lieferantenbeziehungen rückwirken
(und das mit enormem ökonomischen Erfolg). Oder wie die als Tugend
gepflegte, permanente ökologische Optimierung der verschiedensten Prozesse in manchen der untersuchten Unternehmen immer wieder Innovationen auf allen der weiter oben genannten Ebenen hervorbringt. Oder
auch wie das überzeugte Eintreten eines Großhändlers für Regionalität
zur Generierung neuer Märkte und Existenzen auf der Lieferantenseite
geführt hat.[45]

Letztlich steht hinter diesen Beispielen die Einsicht, dass die Herausbildung (bzw. das Hervorbringen) von wirtschaftlichen Beziehungen,
Strukturen und Leistungen – insbesondere von Innovationen – immer
(auch) das Resultat aktiver Gestaltung von Unternehmern und Unternehmen ist, und dass dieses Gestalten auf den vielfältigsten motivationalen – zu einem starken Teil auch moralisch geprägten – Quellen beruht.
Theoretisch einzufangen sind diese real überaus folgenreichen Zusammenhänge nur mit einem Ansatz, der Vielfalt, Wandel und kulturelle
Aufgeladenheit anerkennt und zu beschreiben vermag, wie der oben
skizzierte kulturwissenschaftliche Ansatz. Speziell für die unternehmensethische Frage nach der Bedeutung von Tugenden beim unternehmeri-

---

[45] Für eine genauere Darstellung der angedeuteten Beispiele vgl. Lautermann/
Pfriem 2005.

schen Handeln fällt das Licht aus kulturwissenschaftlicher Perspektive insbesondere auf den ermöglichenden Charakter der Tugenden. Während eine pflichtenethisch inspirierte Unternehmensethik mit moralischen Normen und Verhaltensregeln immer dem Vorwurf ausgesetzt ist, den Radius der Handlungsmöglichkeiten nur einzuschränken, weisen Tugenden zudem, ja vor allem in eine handlungserweiternde Richtung. Gemäß der unter 2. vorgeschlagenen Typisierung von Tugenden schließt ein tugendethisches Verständnis keineswegs die Existenz von Regeln und die Gebotenheit von Regeleinhaltung aus.[46] Was die drei Tugendtypen praktisch bedeuten können, lässt sich an dem Beispiel der Naturkostbranche sehr schön illustrieren:

Die Tugend der (eher passiven) Anpassung wird in der Naturkostbranche dort deutlich, wo bestimmte Maßnahmen und Strategien anderer Unternehmen auf einmal als nachahmenswert angesehen werden, weil sie sich als doch nicht so kritisch oder sogar als vorteilhaft herausstellen. Beispielsweise wird von einigen der befragten Unternehmen bezüglich der Frage, ob ihr unternehmensethisches Engagement klarer nach außen getragen werden müsste, die Tugend der Bescheidenheit zugunsten einer Nachahmung einzelner Vorreiter in Frage gestellt, und zwar solcher Unternehmen, die viel offensiver und aktiver nach außen zeigen, welche gesellschaftlich verantwortlichen Anstrengungen sich hinter den bloßen Produkten verbergen.

Besonders verbreitet erscheint die Tugend des loyalen Engagements. Sie ist bei größeren produzierenden bzw. verarbeitenden Unternehmen sowie bei Großhändlern vorzufinden, die nachdrücklich dazu stehen, ihre Lieferanten und Partner auch in schweren Zeiten „nicht hängen zu lassen", auch auf die Gefahr hin, ihren Kunden gegenüber höhere Preise rechtfertigen zu müssen. In einzelnen Unternehmen scheint auch die Tugend des (potentiell kritischen) Innovationsgeistes eine Charaktereigenschaft mit weit reichenden Konsequenzen zu sein. Wenn Neues aus Überzeugung, teils fast aus Leidenschaft, entgegen warnender Stimmen und trotz zusätzlicher Belastungen, ausprobiert und mit Erfolg umgesetzt wird,[47] dann hat die Realität die Theorie gelehrt, dass es auch den

---

[46] Vgl. auch allgemein Müller 1998, S. 32 ff.

[47] Zum Beispiel im Falle eines Unternehmens, welches allen Unkenrufen zum Trotz schon sehr frühzeitig ein Umweltmanagementsystem eingeführt hat.

tugendhaften Innovator (und andere) zu begreifen gilt und nicht bloß den gewinnorientierten Optimierer.

Nachdem die empirischen Befunde veranschaulicht haben, dass Moral und Tugend in Unternehmen eine nicht zu unterschätzende Rolle spielen und dass moralisch motiviertes Handeln darüber hinaus auch entscheidende Auswirkungen auf die Evolution von Unternehmen und Märkten hatte und weiterhin haben wird, ist nun zu fragen, wie mit diesem Phänomen aus einer Managementperspektive erfolgsorientiert umgegangen werden kann. Unser Vorschlag auf diese Frage ist die Einführung eines Ethikmanagementsystems im Sinne einer praktischen Reflexionshilfe und Verfahrenssicherung in der Auseinandersetzung mit moralischen Aufgaben im Unternehmenskontext.

Wir haben uns für den Begriff Ethikmanagement (und nicht etwa Wertemanagement) entschieden, um die organisationalen Reflexionsaufgaben, die mit einem solchen Hilfsmittel ermöglicht und gesichert werden sollen, hervorzuheben. Durch die Auseinandersetzung mit Tugendethik und der Frage nach der heutigen Bedeutung von Tugenden in Unternehmen fühlen wir uns zudem in unserer Begriffswahl bestärkt. Denn wenn es (auch) darum geht, das motivierte Streben nach moralischen Ideen, Visionen oder Vorbildern zu unterstützen und zu ermöglichen, und wenn es um das verantwortungsbewusste Schaffen von Zukünften geht, dann erscheinen Werte und Normen mit ihrem tendenziell handlungsbeschränkenden Touch zu eng im Vergleich zu der umfassenden Vorstellung von Ethik als Reflexion moralischer Fragen in praktischer Absicht.

Um keine Missverständnisse aufkommen zu lassen: Ethikmanagement ist gerade als der Schlüssel anzusehen, um nicht dem gesinnungsethischen Trugschluss anheim zu fallen, dass alles moralisch Gewollte wie selbstverständlich auch möglich sei. Ethikmanagement dient also dazu, sich den Realitätsschock zu ersparen, dass man nur die besten Absichten hegte, um dann doch von der ökonomischen Realität überrascht zu werden. Gleichzeitig erlaubt es, nicht auf den (wichtigen, weil kreativ wirkenden) moralischen Antrieb verzichten zu müssen. Viele der befragten Unternehmer deuteten an, dass ihnen eine mögliche Diskrepanz zwischen ihrem Denken, ihrem Fühlen und ihrer Motivation auf der einen Seite und ihrem tatsächlichen Handeln auf der anderen Seite Sorgen bereiten würde. Genau diese Lücke zu füllen – das ist es, worauf das Ideal der Tugend hinaus will: Übereinstimmung zwischen Gesinnung und Handeln herzustellen, das heißt Authentizität und Integrität zu ermöglichen. Besonders bei stark moralisch sensibilisierten und motivierten Menschen, wie sie in der Naturkostbranche häufiger vorkommen als in manch anderen Wirtschaftsbereichen, kann es zu Enttäuschung bis Frustration führen, wenn das Denken und Fühlen, sprich: das Wollen mit der Unfähigkeit im Handeln kollidiert. Ethikmanagement, wie wir es skizziert haben[48], kann zunächst dabei helfen, sich Klarheit im Bereich des Fühlens, Denkens und Wollens zu verschaffen, und somit der Gefahr der Enttäuschung vorbeugen. Darüber hinaus sollen mit Ethikmanagement auch die erforderlichen Hilfen und Werkzeuge an die Hand gegeben werden, um die praktischen Aufgaben meistern zu können, die eine aktive Zuwendung zu den moralischen Herausforderungen des Wirtschaftens mit sich bringt.

Wie beim Versuch, ein tugendhafter Mensch zu werden, kommen auch Unternehmen auf diesem Wege nicht ohne dauerhaftes Üben aus. Tugend ist ein Ideal, welchem man im Handeln versucht näherzukommen, bei dem man allerdings beständig darum ringen muss, es Wirklichkeit werden zu lassen. Tugenden werden somit zu Charakterqualitäten, die einer permanenten Kultivierung bedürfen.[49] Daher sollte bei einem Ethikmanagement nach unserem Dafürhalten auch der Verankerung von Moral, Werten, Tugenden usw. in den Strukturen, Prozessen und der Kultur des Unternehmens ein großer Stellenwert beigemessen werden.[50] Für die Unternehmen der Naturkostbranche schälen sich schließlich – so der handlungsweisende Befund unserer Studie – folgende unternehmenspolitischen, besonders bedeutungsvoll werdenden Aufgabenbereiche heraus, die mit Hilfe eines professionellen Ethikmanagements besser bearbeitet werden könnten:

– die Artikulation und Berücksichtigung von normativen Orientierungen, die zu einem fairen Miteinander im Markt und einem aktiven Umgang mit neuen gesellschaftlichen Herausforderungen befähigen,

– die langfristige und tief greifende Verankerung von unternehmensethischen Erwägungen in die Kultur und die Organisation des Unterneh-

---

[48] Vgl. Lautermann/Pfriem 2005.
[49] Vgl. auch allgemein Müller 1998, S. 35 ff.
[50] Vgl. Lautermann/Pfriem 2005.

mens – mit besonderer Berücksichtigung personalwirtschaftlicher Erfordernisse,

– die Entwicklung von gesellschaftlich wünschenswerten bzw. nachhaltigen Unternehmensleistungen und Innovationen, die weit über die bisherige Produkt- und Produktionsfokussierung hinausgehen, sowie

– der Aufbau einer umfassenden Unternehmenskommunikation, die das unternehmensethische Engagement und dessen Bedeutung für die Anspruchsgruppen zielgerichtet transparent macht.

Letztlich können unser Vorschlag eines Ethikmanagements in der Naturkostbranche und die zahlreichen Hinweise zu Hindernissen, Potentialen und Erfolgsfaktoren als der Versuch gewertet werden, die allgemeine Ausgangsfrage für das geschilderte Anwendungsbeispiel zu beantworten: Wie kann unter den gegenwärtigen gesellschaftlichen und marktlichen Bedingungen Tugend wieder erfolgreich in das unternehmerische Handeln gebracht werden?

Steuerung und Moral: ein ebenfalls kulturwissenschaftlicher Ausblick

Die mit diesem Text vorgetragenen Überlegungen zu einer Renaissance der Tugendethik und dazu, dass aufgrund gesellschaftskultureller Entwicklungen im 21. Jahrhundert eine Pflichtenethik vernünftigerweise nicht mehr in Vorschlag gebracht werden kann, machen in sozialwissenschaftlicher Hinsicht Handlungstheorien erneut stark und relativieren die Aussagekraft von Systemtheorien. In ökonomietheoretischer Hinsicht vertiefen sie die Kritik an der neoklassischen Ökonomik im Allgemeinen. Denn dieser mangelt es an Methoden und Werkzeugen, die Optionenvielfalt ökonomischer Zukünfte als eigenen Untersuchungsgegenstand behandeln zu können. Es ist interessant zu beobachten, wie innerhalb der Wirtschaftswissenschaften, insbesondere der Betriebswirtschafts- und Managementlehre, die Teildisziplin des Strategischen Managements gar nicht umhin kann, die Fesseln neoklassischer Grundannahmen zu sprengen.[51]

Unsere im vorigen Kapitel behandelte empirische Untersuchung hat gezeigt, wie Ethikmanagement den Zweck verfolgen soll, Gründertugen-

---

[51] Vgl. Nicolai 2000.

den in organisationale Tugenden zu transformieren. Mit anderen Worten: Wir schlagen vor, die Renaissance der Tugendethik nicht nur zu bejahen und zu unterstützen, sondern auch ausdrücklich auf Unternehmensorganisationen als emergente soziale Systeme zu beziehen. Unter den Bedingungen der heute vorfindbaren Governancestrukturen, der unauflösbaren Verflechtungen zwischen ökonomischen, politischen und sonstigen gesellschaftlichen Entscheidungsebenen und Einflussfaktoren entfaltet sich Tugendethik nicht nur in Bezug auf im Konkreten immer heterogene Organisationskonstellationen, sondern ebenso im interaktiven Geflecht der Governancestrukturen und -kulturen.[52] Von daher kann die Ausgangsfrage des diesem Band vorausgehenden Workshops, ob Tugendethik und Governanceethik zusammenpassen, nur mit einem sehr deutlichen Ja beantwortet werden.

Der andere Aspekt, der zum Abschluss dieses Textes noch einmal akzentuiert werden soll, besteht darin, dass die ethisch rechtfertigbare Tugendhaftigkeit unter den Bedingungen prinzipieller Kontingenz ebenso prinzipiell ständig neu erarbeitet werden muss. Verena Weber formuliert dazu: „Um die Tragfähigkeit eines Moralsystems zu prüfen, ist es [...] zudem unabdingbar, dieses mit Problemen zu konfrontieren, die aktuell kontrovers diskutiert werden und für die scheinbar noch keine befriedigenden Lösungen gefunden werden konnten."[53] In ihrer Untersuchung bezieht Weber Tugendethik und Kommunitarismus aufeinander. Gegenüber der klassischen Tugendethik und dem Kommunitarismus, der die Werte gegebener Gemeinschaften einseitig stark macht, markieren wir insofern so etwas wie eine dritte Position: Das ethisch Gute muss von den individuellen und organisationalen Akteuren in ihren konkreten Situationen permanent (tugend-)ethisch neu erarbeitet werden, ist weder universalistisch definierbar noch durch affirmativen Bezug auf konkret gegebene Gemeinschaften. Es geht also nicht darum, Wertungen vorzugeben, sondern darum, den Mut steigern zu helfen, sich im besten Kantischen Sinne des eigenen Verstandes zu bedienen und daraus prakti-

---

[52] Siehe als Vorschlag zu einer kulturalistischen und kulturwissenschaftlichen Erweiterung der Governanceethik Pfriem 2004a.

[53] Weber 2002, S. 155. Zum Zeitpunkt des Schreibens dieses Textes, wo mit dem Tod des alten Papstes und der Wahl des neuen in geradezu massenhysterischer Weise die Bezugnahme auf alte Lösungen und Nichtanpassung an neue Entwicklungen fröhliche Urstände feiert, ist das eine fast schmerzliche Erkenntnis.

sche Konsequenzen zu ziehen. Wie an einem Beispiel vorgeführt, vermögen gerade empirisch orientierte kulturwissenschaftliche Untersuchungen einiges an Aufklärung und Beratung in tugendethischer Absicht beizutragen.

Literatur

Anscombe, E. (1974): Moderne Moralphilosophie, in: Grewendorf, G./Meggle, G. (Hrsg.): Seminar Sprache und Ethik, Frankfurt a.m.

Aristoteles (1969): Nikomachische Ethik, Darmstadt.

Aulinger, A. (2005): Entrepreneurship und soziales Kapital. Netzwerke als Erfolgsfaktor wissensintensiver Dienstleistungsunternehmen, Marburg.

Bauman, Z. (1995): Postmoderne Ethik, Hamburg.

Burmeister, K./Neef, A./Beyers, B. (2004): Corporate Foresight. Unternehmen gestalten Zukunft, Hamburg.

Castoriadis, C. (1984): Gesellschaft als imaginäre Institution. Entwurf einer politischen Philosophie, Frankfurt a.m.

Faltin, G./Ripsas, S./Zimmer, J. (Hrsg.) (1998): Entrepreneurship. Wie aus Ideen Unternehmen werden, München.

Fichter, K./Paech, N./Pfriem, R. (2005): Die Generierung nachhaltiger Zukunftsmärkte. Das summer-Projekt, Marburg.

Fischer, D. (2005): Symbolökonomie und Strategisches Management, Marburg.

Forschungsgruppe Unternehmen und gesellschaftliche Organisation (FUGO) (Hrsg.) (2004): Perspektiven einer kulturwissenschaftlichen Theorie der Unternehmung, Marburg.

Geyer, Ch. (Hrsg.) (2004): Hirnforschung und Willensfreiheit. Zur Deutung der neuesten Experimente, Frankfurt a.m.

Gramsci, A. (1967): Philosophie der Praxis, Frankfurt a.M.

Günther, K./Pfriem, R. (1999): Die Zukunft gewinnen. Vom Versorgungsstaat zur sozialökologischen Unternehmergesellschaft, München.

Höffe, O. (1998): Aristoteles' universalistische Ethik, in: Rippe, K.P./Schaber, P. (Hrsg.): Tugendethik, Stuttgart.

Höffe, O. (1993): Moral als Preis der Moderne. Ein Versuch über Wissenschaft, Technik und Umwelt, Frankfurt a.m.

Horkheimer, M./Adorno, Th.W. (1969, orig. 1944): Dialektik der Aufklärung. Philosophische Fragmente, Frankfurt a.m.

Huntington, S.P. (1996): Kampf der Kulturen. Die Neugestaltung der Weltpolitik im 21. Jahrhundert, München/Wien.

Kant, I. (1974): Kritik der praktischen Vernunft, Hamburg.

Kogge, W. (2002): Die Grenzen des Verstehens, Weilerswist.

Lautermann, Chr./Pfriem, R. (2005): Ethikmanagement in der Naturkostbranche – eine Machbarkeitsstudie, in: Lautermann, Chr./Pfriem, R./Wieland, J. et al.: Ethikmanagement in der Naturkostbranche, Marburg.

Lyotard, J.-F. (1987): Der Widerstreit, München.

MacIntyre, A. (1987): Der Verlust der Tugend, Frankfurt a.M.

Müller, A.W. (1998): Was taugt die Tugend? Elemente einer Ethik des guten Lebens, Stuttgart et al.

Nicolai, A. (2000): Die Strategieindustrie. Systemtheoretische Analyse des Zusammenspiels von Wissenschaft, Praxis und Unternehmensberatung, Wiesbaden.

Paech, N./Pfriem, R. (2004): Konzepte der Nachhaltigkeit von Unternehmen. Theoretische Anforderungen und empirische Trends, Oldenburg.

Pfriem, R. (2004): Heranführung an die Betriebswirtschaftslehre, Marburg.

Pfriem, R. (2004a): Ein pluralistisches Feld von Governancekulturen. Ideen zur Vermittlung von ethisch-moralischen Handlungsdimensionen mit dem vorgängigen ökonomischen Verständnis der Steuerung von Unternehmen, in: Pfriem, R.: Unternehmen, Nachhaltigkeit, Kultur. Marburg.

Pieper, A. (1991): Einführung in die Ethik, Tübingen.

Reckwitz, A. (2000): Die Transformation der Kulturtheorien. Zur Entwicklung eines Theorieprogramms, Weilerswist.

Rippe, K.P./Schaber, P. (1998): Tugendethik, Stuttgart.

Schmitz, H. (2005): Situationen und Konstellationen. Wider die Gefahr totaler Vernetzung, Freiburg/München.

Schumpeter, J. (1997, orig. 1911): Theorie der wirtschaftlichen Entwicklung. Eine Untersuchung über Unternehmergewinn, Kapital, Kredit, Zins und den Konjunkturzyklus. Berlin.

Spinoza, B. (1977): Die Ethik, Stuttgart.

Steinmüller, A./Steinmüller, K. (2003): Ungezähmte Zukunft. Wild Cards und die Grenzen der Berechenbarkeit, München.

Weber, V. (2002): Tugendethik und Kommunitarismus. Individualität – Universalisierung – Moralische Dilemmata, Würzburg.

Weick, K./Sutcliffe, K.M. (2001): Das Unerwartete managen. Wie Unternehmens aus Extremsituationen lernen, Stuttgart.

Welsch, W. (1996): Vernunft. Die zeitgenössische Vernunftkritik und das Konzept der transversalen Vernunft, Frankfurt a.M.

Welsch, W. (1988): Unsere postmoderne Moderne, 2. Auflage, Darmstadt.

Wickert, U. (1994): Der Ehrliche ist der Dumme. Vom Verfall der Werte, Hamburg.

Wieland, J./Fürst, M. (2005): Moralische Güter und Wertemanagement in der Naturkostbranche, in Lautermann, Chr./Pfriem, R./Wieland, J. et al.: Ethikmanagement in der Naturkostbranche, Marburg.

Zahlmann, Ch. (Hrsg.) (1992): Kommunitarismus in der Diskussion, Berlin.

Tugenden in der chinesischen Kultur

Die Governance interkulturellen Managements

Josef Wieland

I.

Die inhaltliche Deutung dessen, was eine Tugend oder ein Wert ist und welche Handlungs- und Verhaltenserwartungen damit einhergehen, wird gesteuert über abgrenzbare soziale Einheiten, also etwa eine bestimmte Gesellschaft oder eine bestimmte Branche oder aber eine Organisation, wie es etwa ein Unternehmen ist. Tugenden und Werte entwickeln sich evolutionär in der Praxis und dem Zusammenspiel der verschiedenen Institutionen und Organisationen sozialer Einheiten und erhalten dadurch ihre Legitimität und Verbindlichkeit für die Handlungen und das Verhalten der individuellen Akteure. Als Teil der Kultur sozialer Einheiten sind Tugenden und Werte informelle Spielregeln der dort stattfindenden Interaktionen ihrer Mitglieder. In der formalen Sprache der Governance-ethik gehören Tugenden daher in den Bereich der Faktoren individueller Selbstbindung (IS) und informeller Institutionen (IF), die beide den positiven Wert 1 haben müssen.[1]

Die politische und ökonomische Vernetzung der Weltgesellschaft ist auf diese Weise unausweichlich begleitet von einem Aufeinandertreffen der verschiedenen Werte und Tugendkulturen. Daraus resultiert dann für politische oder ökonomische Akteure die Aufgabe, die Differenz, Identität und Komplementarität solcher kulturellen Vorstellungen zu erkennen und zu gestalten, damit die Kooperation der Akteure verschiedener Kulturen ohne prohibitive Friktionen und mit der von allen Teilnehmern

---

[1] Vgl. hierzu Wieland 2005, Kap. 2.

angestrebten Kooperationsrente gelingen kann. Für den Bereich der ökonomischen Globalisierung, die ja in der Integration und Verknüpfung von Wertschöpfungsketten besteht, sind Manager und Unternehmen zentrale Akteure. In diesen Kreisen ist es daher unstrittig, dass das ohne ein „Management of Diversity"[2] nicht zu haben ist. Der Faktor Diversifität als Problemvorwurf eines interkulturellen Managements hat einen erheblichen Einfluss auf die Kooperationsbereitschaft und Kooperationsfähigkeit individueller und kollektiver Akteure, die ihrerseits wiederum in der globalen Kooperationsökonomie die entscheidenden zu ökonomisierenden Ressourcen sind.[3] Wenn daher der Prozess ökonomischer Globalisierung ein gelingendes Zusammenspiel der Diversifität verschiedener moralischer Kulturen voraussetzt und zugleich entwickelt, dann folgt daraus zwanglos, dass Werthaltungen und Tugenden der Akteure eine direkte Relevanz für den Erfolg oder Misserfolg von multinationalen Kooperationsprojekten haben.

Im Zentrum dieses allgemeinen Vorgangs steht gegenwärtig der asiatische Kontinent, vor allem die Volksrepublik China. Es wird geschätzt, dass etwa 70 Prozent aller Misserfolge in deutsch-chinesischen Joint Ventures auf ein uninformiertes und unprofessionelles Kulturmanagement zurückzuführen sind.[4] Die chinesische Kultur und deren Einfluss auf wirtschaftliche Kooperationsbeziehungen wird auch im Mittelpunkt der nun folgenden Analyse stehen.

II.

Ich beginne mit einer Inspektion der gängigen wissenschaftlichen und populärwissenschaftlichen Managementliteratur zum Thema interkulturelles Management in China. Grob gesprochen lässt sich diese Literatur in preskriptve und deskriptive Ansätze unterteilen. In diesem Abschnitt werde ich mich zunächst auf die Diskussion der preskriptiven Ansätze konzentrieren. Deren einheitliches Charakteristikum ist es, dass sie aus der bloßen Existenz der verschiedenen konfuzianischen, laotischen oder taoistischen Tugendlehren auf deren Wirksamkeit im chinesischen

---

[2] Vgl. hierzu Wieland 2004a.

[3] Vgl. Wieland 1998.

[4] Vgl. Heiming 1999.

Management schließen. Regelmäßig geht es in dieser Literatur um die ungebrochene Kultivierung von fernöstlichen Klugheits- oder agonalen Tugenden als Grundlage eines erfolgreichen individuellen Kooperationsstils (Mitarbeiterführung, Verhandlungsführung, Partnerbeziehungen usw.). Dabei wird ganz im Einklang mit diesen Tugendlehren unterstellt: „When these values are correct, correct actions will follow."[5] Tugenden und Werte werden in preskriptiven Ansätzen als handlungssteuernde Präferenzen mit Alleinstellungsmerkmal verstanden. Wenn ich es richtig sehe, gibt es in dieser Gruppe zwei Lager, die ich als positive und negative Tugendethiken bezeichnen möchte.

Positive Tugendethiken betonen die Weisheitstugenden des Konfuzianismus als Werte; diese teilen alle Chinesen als Essenz ihrer Kultur bis auf den heutigen Tag und richten ihr Handeln daran grundlegend aus. Charakteristische Werte sind hier Achtung der Autoritäten, Großzügigkeit, Freundlichkeit, Gerechtigkeit, Vertrauen, Harmonie, Angemessenheit, Respekt, Selbstkultivierung, Selbstkontrolle, kontinuierliches Lernen, Disziplin, Uneigennützigkeit oder Sorgfalt. Diese Tugenden werden durch Erziehung und Selbststudium entwickelt und vervollkommnet und führen über Vorbildverhalten zur allgemeinen Grundlage menschlicher Interaktion und, so jedenfalls die Annahme, im Perfektionszustand zu persönlicher und gesellschaftlicher Wohlfahrt. Mit dieser Wohlfahrt ist weniger der Besitz materieller Dinge gemeint, sondern die Gerechtigkeit und Vertrauenswürdigkeit der Verhältnisse zwischen den Menschen, zwischen Führern und Geführten, Herrschenden und Dienenden. Nur am Rande sei bemerkt, dass Konfuzius mit der praxisgestaltenden Implementierung der Weisheitstugenden in seiner Zeit vollständig gescheitert ist; ich möchte dies aber nicht vertiefen. Es sind zwei andere Punkte, die ich hervorheben möchte und von denen ich annehme, dass sie auch heute noch von Interesse sind.

1. Tugend vs. Recht. Die konfuzianische Philosophie betont nicht nur den Vorrang der Tugenden vor jedem Recht, sondern mehr noch, sie zielt auf die Abschaffung und Abwertung rechtlicher oder staatlicher Regulierung. „A society with no lawsuits, no need for punishment, is a society ruled by virtue. ... The highest political ideal is a society of people living

---

[5] Fernandez 2004, S. 27. Vgl. weiterhin exemplarisch für diese Auffassung Young 2003.

in harmony, which should make government itself unnecessary. This is the conclusion of the rule by virtue."[6]

Die Reduzierung aller Governance auf individuelle Tugend wäre somit das letzte Ziel des Konfuzianismus. Es scheint unklar, ob man diese zugespitzte Interpretation des Konfuzianismus als aktuellen chinesischen Wertekonsens interpretieren kann, aber auch Autoren, die eher zu einer nüchternen Analyse neigen, betonen die Differenz von rechtlicher Compliance und individueller Tugend (*renging*) durch den Konfuzianismus. „According to Konfuzianism, renging is an internalized moral virtue that is more powerful than laws, because laws can only force people to obey temporarily. In contrast, moral virtues teach people to have a sense of shame that prevents them from doing bad things at any time, and creates an inner drive to be kind and righteous."[7]

Die chinesische Kultur, folgt man den soeben angeführten Autoren, hätte demnach die im neuzeitlichen Europa vollzogene Umstellung und Erweiterung gesellschaftlicher und wirtschaftlicher Governance von Tugend auf Recht und Ökonomie niemals angestrebt und bis auf den heutigen Tag nur zögerlich und in ersten Anfängen nachvollzogen. Entsprechend existiert in diesem Land nur eine schwache Ausprägung formaler Institutionen, wie etwa ein System konstitutioneller und postkonstitutioneller Verträge[8] und die dazugehörenden Organisationen ihrer Durchsetzung. Aus institutionenökonomischer Sicht ist daher zunächst einmal die sich aufdrängende Frage zu notieren, ob nicht in der Fokussierung auf Tugendethik eine Ursache des politischen und ökonomischen Entwicklungsbedarfs Chinas zu sehen wäre.[9] Jedenfalls bedeutet die Beschränkung gesellschaftlicher Steuerung auf nur eine Entscheidungslogik immer eine Beschränkung der in dieser Gesellschaft möglichen Kooperationschancen und der daraus folgenden „gains from trade". Es legt sich weiterhin die Überlegung nahe, dass dieses Abstellen auf Tugenden in dem sich gegenwärtig vollziehenden radikalen und rapiden ökonomischen und politischen Reformprozess zu einer nachhaltigen Zerstörung des ethischen Fundaments der chinesischen Gesellschaft überhaupt führen könnte, wenn die Umstellung auf funktional äquiva-

---

[6] Fernandez 2004, S. 25.

[7] Fu/Peng/Kennedy/Yukl 2004, S. 33.

[8] Vgl. hierzu James Buchanan 1975.

[9] So schon früh Max Weber in seiner Wirtschaftsethik der Weltreligionen.

lente Governancestrukturen nicht zeitgleich gelingt. Dafür aber müsste zuerst das Ideal einer alle Governance ersetzenden individuellen Tugend aufgegeben werden, was auf das gleiche Resultat hinauslaufen könnte. 2. Stratifizierung vs. Differenzierung. Die Moralstandards des Konfuzianismus betonen Unterordnung, Gehorsamkeit und Loyalität gegenüber Autorität, die sich hierarchisch vom Staat über die Familie bis zur Stellung des Individuums als ritualisierte Ordnung und Einordnung des Einzelnen in ein gesellschaftliches Klassensystem ausdrückt. Zu diesen Standards gehört spiegelbildlich die Fürsorge und Aufmerksamkeit der Autoritäten gegenüber den Untergebenen.[10] Erneut verglichen mit der europäischen Entwicklung scheint sich darin auszudrücken, dass die chinesische Gesellschaft die europäische Umstellung von stratifizierter auf funktional differenzierte Steuerung[11] nicht betrieben hat. Allerdings haben die soeben erwähnten tugendethischen Prämissen des Konfuzianismus eine Form asiatischen Individualismus geprägt, der vor allem auf die Eigenverantwortlichkeit des Einzelnen abstellt. „Emphasizing the importance of education, obedience to authority, interpersonal harmony, loyalty to the family and kinship affiliation as well as individual responsibility, the deeply rooted culture values of Konfuzianism still guide individual actions and attitudes."[12]

Diese Eigenverantwortlichkeit des chinesischen Akteurs ist indes nicht angekoppelt an ein aufgeklärtes Eigeninteresse, sondern eher an einen Egoismus, der auf den Vorteil des Einzelnen und seiner Familie auf Kosten anderer abstellt. Die nicht existente strukturelle Kopplung wirtschaftlicher Kooperation durch gesellschaftstheoretisch reflektierte Kategorien wie Vertrag oder Interesse spiegelt sich wider in den negativen Erfahrungen mit chinesischen Verhaltens- und Verhandlungsmustern, von denen viele westliche Manager aus westlich-chinesischen Joint Ventures berichten können. Dies führt uns direkt in das zweite Lager der chinesischen Tugenden, die ich weiter vorne als negative Tugendethiken bezeichnet habe.

Negative Tugendethiken stellen auf die agonalen Aspekte in der chinesischen Kultur ab, die sich vor allem in der Literatur zur Kriegskunst[13]

---

[10] Vgl. Tsui/Wang/Xin/Zhang/Fu 2004, S. 6.

[11] Vgl. Luhmann 1993.

[12] Fu/Peng/Kennedy/Yukl 2004, S. 33.

[13] Vgl. exemplarisch Tsu 2001 und von Senger 2004.

ausdrückt. Die charakteristischen Tugenden in diesem Bereich sind
neben Gleichgewicht und Harmonie vor allem Erfolg, stetiges Besser-
sein, Durchsetzungsvermögen, Tatkraft, intelligente Berechung und je
nach Absicht der Autoren auch List, Täuschung und strategischer Opportunismus. Die Bedeutung dieser agonalen Tugenden für ökonomische
Kooperationen liegt in dem Umstand, dass sich „die Kunst des Krieges
auf jede Art von Wettbewerb und Konflikt anwenden" lässt[14] und, so
jedenfalls die Autoren und Alltagserfahrungen ausländischer Manager in
China, in „der chinesischen Neigung, den „Marktplatz" mit einem
„Kriegsschauplatz" zu vergleichen."[15]

Es ist bemerkenswert, dass diese agonale Seite der chinesischen Tugenden eher das Thema populärer Managementliteratur sind und, soweit
ich sehe, in den wissenschaftlichen Untersuchungen ausgeblendet werden. Dies mag auch damit zusammenhängen, dass die damit einher-
gehenden und allseits bekannten und ohne Zweifel existierenden Ver-
haltens- und Verhandlungsoptionen chinesischer Partner wie List, Arg-
list, Hinterlist und Schlitzohrigkeit, also alle Varianten in der Grauzone
strategischen Verhaltens, im westlichen Denken nicht unter den Kategorien Tugend oder Ethik rubriziert werden, sondern in der Kategorie Kri-
minalität. In der Ökonomik sprechen wir in diesem Zusammenhang von
Opportunismus und Shirking, die zu einem Anwachsen der Transaktionskosten und im schlechtesten Fall zu einer Beendigung von Transaktionen führen.[16] Agonale Tugendethiker teilen diese Auffassung nicht,
sondern sprechen in diesem Zusammenhang von der List als einer eigenständigen Rationalitätsform, die zu allen Tugendgesellschaften gehöre
und die auch im alten Europa eine wichtige Rolle gespielt habe.[17] Dem
ist zuzustimmen. Es bleibt dennoch festzuhalten, dass die westlichen Gesellschaften sehr viel Energie in die Eindämmung und Überwindung von
List als ökonomischer Rationalitätsform investiert haben, und zwar wegen ihres fließenden Übergangs in die Grauzone des opportunistischen
Verhaltens. „Strategisches Management", so jedenfalls die westliche
Deutung, muss sich in den Grenzen des Rechts und einer auf Integrität
abstellenden Moralkultur mit universalistischem Adressdatenkreis bewe-

---

[14] Vorwort Tsu 2001, S. 7.

[15] Von Senger 2004, S. 20.

[16] Vgl. Williamson 1996.

[17] Vgl. hierzu Detienne/Vernant 1978 sowie Eco/Sebeoc 1985.

gen. Dabei geht es keineswegs um den Ausschluss einer individuellen Geschäftstüchtigkeit oder Verhandlungsgeschicklichkeit, sondern um das gesamtgesellschaftliche kulturelle Muster (IF). Wenn nämlich Wirtschaften als Krieg verstanden wird, dann haben wir es mit einem Nullsummenspiel und permanenten Endspiel zu tun, in dem Informationsasymmetrien, Abhängigkeiten und Macht sowie Interessensdivergenzen opportunistisch ausgebeutet werden. Wie bereits erwähnt, hat die Transaktionskostenökonomik gezeigt, dass dieses Ökonomieverständnis nicht nur mit massiven Transaktionskosten und damit mit paretoinferioren Wohlfahrtsniveaus bezahlt wird, sondern auch und vor allem mit der Einschränkung und Vernichtung von Kooperationschancen, die eine nur geringe Tiefe der Arbeitsteilung und damit Wohlfahrtsverluste nach sich ziehen.

Nichtsdestotrotz ist es nur realistisch, in Kooperationsbeziehungen im chinesischen Kulturraum von der Existenz und Wirksamkeit agonaler Tugenden in der hier diskutierten Form auszugehen und diese durch ein gezieltes Management von Verhaltens- und Länderrisiken in Rechnung zu stellen.

III.

Wenn wir die Diskussion des vorangegangenen Abschnitts in der Sprache der Governanceethik zusammenfassen[18], dann findet sich folgendes Resultat. Die chinesischen Tugenden und Werte, die die moralische Dimension wirtschaftlicher Transaktionen steuern (Tm), stellen sowohl in ihrer positiven wie auch in ihrer negativen Variante stets auf eine extrem individualistische Tugend (IS = 1) ab, die gestützt wird durch eine bis heute geteilte Essenz chinesischer National- und Unternehmenskultur ($IF_{N,OKK} = 1$) bei gleichzeitiger Defizienz in der Ausbildung von moralsensitiven formellen Institutionen wie Recht und Verfahren (FI = 0, –1) und Organisationsstrukturen (OKK = 0, –1). Es zeigt sich in dieser Notierung nicht nur die Fragilität des chinesischen Entwicklungsmodells zur Moderne, sondern, für unser Thema wichtiger, das vorprogrammierte Scheitern von Ansätzen des interkulturellen Managements, die sich als individualistische Führungslehren auf der Basis preskriptiver Tugend-

---

[18] Vgl. hierzu vor allem Wieland 2005, Kap. 2.

ethiken verstehen. Die chinesische Mischung aus agonalen Tugenden (IS = -1), einer als Abgrenzung gegenüber Ausländern verstandenen chinesischen Nationalkultur (IF = -1) und einem Mangel an wirksamem Recht (FI = -1) und Organisationsstrukturen (OKK = -1) belastet jede Kooperation in dieser Region der Welt mit massiven Risiken und potenziell prohibitiven Transaktionskosten. Diese sind auf der Ebene von individuellen Managern nicht mehr abzubilden und abzuarbeiten. Es folgt, dass der Fokus eines interkulturellen Managements und des Managements of Diversity nicht alleine und nicht in erster Linie auf „Leadership" (IS) liegen kann, sondern auf „institution building" (IF, FI) und „organisation building" (OKK). Ohne die Schaffung und Mobilisierung der Ressourcen von kollektiven Akteuren, also der involvierten Unternehmen, sind ein erfolgreiches interkulturelles Management und ein Management of Diversity nicht vorstellbar. Dessen Governancestrukturen müssen umfassend und integrativ ausgelegt sein und dürfen sich keineswegs ausschließlich als Personalentwicklung verstehen. Diskurse über individuelle Managementtugenden müssen im reziproken Zusammenhang mit der Entwicklung einer werteorientierten Organisationsstruktur und Geschäftskultur stehen, wenn sie effizient und effektiv sein sollen. Ohne kollektive moralische Akteure und ohne eine umfassende Ethik der Governance würde eine westlich geprägte oder eine auf naive Weise östliche Ethiken verstehende individualistische Tugendethik sehr schnell an ihre selbstzerstörerischen Effektivitäts- und Effizienzgrenzen stoßen. Dies ist die bittere Wahrheit der Globalisierung für eine an reiner Gesinnung orientierte Tugendethik. Nicht nur muss sie zur Kenntnis nehmen, dass dieser Tugendtypus in Europa in ein ganzes Set von stützenden und Richtung gebenden Governancestrukturen eingebunden wurde, sondern vor allem zeigt die Globalisierung erneut die potenziellen paretoinferioren Eigenschaften reiner Tugendethik. Eine individualistisch konzipierte Tugendethik kann daher kein gemeinsamer Reflexionspunkt für das Gelingen globaler Kooperation und sozialer Interaktion sein. Zwar sind die Form und das Konzept „Tugend" global verallgemeinerungsfähig, weil und insofern sie praktisch zu allen uns bekannten Kulturen gehört, aber die Inhalte sind in einem Umfang divergent, dass der unvermeidlich polemogene Charakter unterschiedlicher Moraldiskurse zu einer Zerstörung von Kooperationschancen in der Globalisierung führen müsste. Hinzu kommt, dass starke Anteile des chinesischen Wertekanons der Tugenden in der europäischen Tradition nicht nur unbekannt sind, sondern ausdrücklich mit Beginn der Neuzeit als für die Wohlfahrt und Entwicklung einer Gesellschaft schädlich identifiziert und überwunden wurden. Die wirtschaftliche Kooperation über kulturelle Grenzen hinweg kann daher nur erfolgreich sein, wenn sie sich von vornherein als kollektiven Lern- und Wandlungsprozess versteht, an dem beide Parteien beteiligt sind, weil beide Parteien davon einen Vorteil haben können. Dabei geht es dann naturgemäß weniger um die Erörterung moralischer Grundsatzfragen als vielmehr um die Schaffung eines Kooperationsprozesses, der die Diskussion moralischer Fragen aus der Perspektive des gemeinsamen „business case" erlaubt.[19]

IV.

Deskriptive Ansätze im interkulturellen Management gehen nicht, wie die preskriptiven Ansätze, von einer gegebenen und wirksamen Werte- und Tugendkultur aus, sondern zielen darauf ab, deren strukturelle Beschaffenheit empirisch zu erheben. Versuche, Moralkulturen theoretisch und begrifflich auf abgrenzbare Dimensionen zu verdichten und damit Vergleiche zwischen verschiedenen Kulturkreisen möglich zu machen, die informativ für das interkulturelle Management sind, gehen wesentlich auf Hofstede zurück.[20] Hofstede misst interkulturelle Differenz über die Dimensionen Machtdistanz, Individualismus/Kollektivismus, Maskulinität/Femininität, Unsicherheitsvermeidung und, in späteren Arbeiten, auch die Langzeitorientierung. Da in den ursprünglichen Arbeiten von Hofstede keine Daten über China enthalten waren, haben Slevogt (1997) und Guan (2004) auf der Basis der Zahlen für Taiwan, Singapur und Hongkong diese geschätzt.[21] Es zeigt sich dann mit Blick auf das hier zu behandelnde Thema, dass chinesische Manager

– einen relativ hohen Grad an Machtdistanz ausbilden (Merkmalsausprägung: Akzeptanz von Hierarchie, Fixierung auf Anweisungen als Führungsmethode usw.),

---

[19] Vgl. hierzu ausführlicher die Diskussion um den globalen Wertekreis in Wieland 1999, Kap. 4.

[20] Vgl. Hofstede 1980; Hofstede/Bond 1988; Hofstede 1997.

[21] Über die Problematik solcher Schätzverfahren siehe Fu/Peng/Kennedy/Yukl 2004.

- einen niedrigen Individualisierungsgrad haben (Merkmalsausprägung: kollektive Interessen stehen im Vordergrund, Clanegoismus, Harmonie des Ganzen ist wichtig usw.),

- eher eine schwache Unsicherheitsvermeidung (Merkmalsausprägung: flache Hierarchie, geringe Statusunterschiede, hohe Fluktuationsrate, Nachverhandlung von Verträgen usw.),

- und sich absolut langfristig in ihren wirtschaftlichen Entscheidungen orientieren.

Einmal abgesehen von den Inkonsistenzen der Merkmalsausprägungen der Dimensionen Machtdistanz, Individualismus und Langzeitorientierung auf der einen Seite und Unsicherheitsvermeidung auf der anderen Seite (demnach wären Chinesen sowohl status- und hierarchieorientiert als auch mit einer geringen Fluktuationsneigung ausgestattet; allerdings wäre auch das direkte Gegenteil richtig), entsprechen die hier referierten Werte der Diskussion der preskriptiven Ansätze im vorangegangenen Abschnitt.

Nach Trompenaars/Hampden-Turner[22], die ein eigenes Dimensionen-Set für das interkulturelle Management entwickelt haben, ist die chinesische Kultur eher

- eine partikularistische als eine universalistische Kultur (Beziehungen sind wichtiger als Verträge, hohe Loyalität zwischen Management und Mitarbeitern, niedrige Fluktuationsrate). In ihr haben

- kommunitaristische Interessen einen gewissen Vorrang vor individuellen Interessen und Anliegen (niedrige Fluktuation, Teamorientierung),

- die Interpretation von Realität ist eher diffus als spezifisch (enger Zusammenhang von Geschäftlichem und Privatem, Beziehungsnetzwerke über das Geschäft hinaus, niedrige Fluktuation, hohe Loyalität), und

- Status wird eher über Zuschreibung als über Leistung verteilt.

Die beiden hier referierten interkulturellen Modelle werden nicht selten in interkulturellen Trainings genutzt, um westliche Manager für die Besonderheiten der chinesischen Geschäftskultur zu sensibilisieren. Es stellt sich allerdings mit Blick auf die heutige Realität in der Wirtschaft und

---

[22] Vgl. Trompenaars/Hampden-Turner 1998, S. 49-122.

den Unternehmen Chinas die Frage, in welcher Hinsicht diese Daten valide sind und auf welchen Aggregationsebenen sie Geltung beanspruchen dürfen. Sowohl nach den von Hofstede als auch nach den von Trompenaars/Hampden-Turner entwickelten Indikatoren sollten chinesische Wirtschaftsakteure eine stark ausgeprägte Loyalität zum Unternehmen und eine geringe Neigung zum Wechsel haben. Empirische Untersuchungen zeigen jedoch, dass die freiwillige Mitarbeiterfluktuation je nach Branche und Standort zwischen 8,3 % und 33 % beträgt und dass 46 % aller chinesischen Mitarbeiter angeben, dass sie keinerlei Bindungen zu ihrem Unternehmen fühlen und 71 % unzufrieden mit ihrem Arbeitsplatz sind.[23] Die soeben angeführten Zahlen zeigen eine signifikante saisonale Abweichung. Vor allem im Zeitraum um das Frühlingsfest können sie erheblich ansteigen. So entnehmen wir der Shanghai Daily vom 12.2.2004 folgendes Szenario, das aus den Untersuchungen in 478 Unternehmen in Shanghai, Peking und Guanzhou gewonnen wurde:

„Job-hopping is still common after New Year."

„Close to 50 % of businesses were forced to replace senior staff members after the Spring Festival."

„More than 60 % of employees said they were likely to change jobs in the New Year."

„Most people leave for personal reasons or had bad chemistry with colleagues."

Auch wenn diese Zahlen sicherlich nicht repräsentativ sind, so sprechen sie doch gegen eine naive Hierarchie-, Kollektiv- und Langzeitorientierung im chinesischen Management. Sie sprechen eher für eine rigide Wahrnehmung von Eigenverantwortlichkeit, was in Zeiten großer Unsicherheit, so eine mögliche Interpretation, nicht verwundern kann. Die bereits weiter vorne erwähnte geringe Unsicherheitsvermeidung chinesischer Manager und die Orientierung an Familie und Clan führen unter diesen Bedingungen zu einer Stärkung individualistischer und egoistischer Präferenzen, deren soziale Bezogenheit an der Grenze des Clans endet.

---

[23] Vgl. Hewitt 2004.

In dieser Gegenüberstellung von Modelldimensionen und aktuellen empirischen Erhebungen zeigen sich gewisse Schwächen der beiden Standardmodelle des interkulturellen Managements.

1. Sie erklären nicht den Zusammenhang zwischen Werten und Tugenden in einem Land oder in einer Nation und Individualverhalten im Hinblick auf spezifische Transaktionen. Sie liefern lediglich Angaben über geteilte moralische Einstellungen in Nationalkulturen, denen unterstellt wird, dass sie eine Kausalrelation Tm = f (IS, IF_N) für individuelles Handeln begründen, ohne dass diese qualifiziert wird.

2. Die Modelle sind damit statisch und nicht dynamisch, und das mindert ihre Aussagekraft in Zeiten gesellschaftlichen Wandels, so wie wir ihn jetzt im Gefolge der Globalisierung und vor allen Dingen in Ländern wie China erleben.

3. Die Modelle operieren mit der Gegenüberstellung und Relationierung von National- oder Regionalkulturen, Branchen- und Berufskulturen, Unternehmenskulturen und Individualtugenden, wobei angenommen wird, dass erstere letztere dominieren.[24] Nicht gesehen wird die Filter- und Gestaltungsfunktion von Branchen- und Unternehmenskulturen ($IF_{OKK} = 1$), mit denen etwa Nationalkulturen nicht nur in ihrer Wirkung modifiziert, sondern selbst für einen wertegetriebenen Wandlungsprozess geöffnet werden können.[25] Sie blenden also wesentliche strukturelle Komponenten der kulturellen Governance lokalen Verhaltens aus.

So zeigen denn auch die neueren und wesentlich differenzierteren empirischen Erhebungen von Tsui/Wang/Xin/Zhang/Fu[26], dass das Verhalten des heutigen chinesischen Managements, nach einer seit mehr als 20 Jahren anhaltenden permanenten Reform der Wirtschaft, von einer merkwürdigen Wertemischung gesteuert wird: Konfuzianismus, Kommunismus, westliche Managementphilosophien. Fu/Peng/Kennedy/Yukl[27] zei-

---

[24] Vgl. Hofstede 1997, S. 140, 384 ff. sowie Schneider/Barsoux 1997, S. 51 ff.

[25] Vgl. exemplarisch Hofstede 1980, S. 10 ff., der zwischen den *Werten* einer Nation und den *Praktiken* einer Organisation unterscheidet und damit schon begrifflich diese Rückkopplung von Werten auf Werte nicht verarbeiten kann.

[26] Vgl. Tsui/Wang/Xin/Zhang/Fu 2004.

[27] Fu/Peng/Kennedy/Yukl 2004, S. 40 und 43.

gen in einem Vergleich von Mainland China, Hongkong und Taiwan, dass der Konfuzianismus zwar immer noch eine gemeinsame normative Basis bildet, aber gerade mit Blick auf individualistische Werte sich die Entwicklung differenziert. Im Verlauf dieses Wertewandels gerät der Konfuzianismus auch in China mehr und mehr in die Position, dass er als normatives Soll gegen eine davon immer weiter abdriftende Realität hochgehalten wird.

V.

Der bisherige Gang der Analyse legt nahe, die Diskussion über die Tugenden in der chinesischen Wirtschaftskultur auf einer mikroanalytischen Ebene fortzusetzen. Dabei sollte, und auch dies hat die bisherige Argumentation ergeben, das Augenmerk auf den Zusammenhang und das Zusammenspiel von individuellen Kulturen und Organisationskulturen gelegt werden, da sich hier die bereits angesprochene Filterfunktion der letzteren zur Entfaltung bringen und das Gestaltungsproblem einer angemessenen Governancestruktur in Angriff genommen werden kann.

Für Unternehmen ergibt sich aus den im letzten Abschnitt referierten Zahlen über Fluktuationsraten in chinesischen Wirtschaftsorganisationen die Notwendigkeit eines Retention Managements. Dabei geht es einerseits darum, die exorbitanten Fluktuationsraten zu vermeiden. Andererseits aber geht es um den Aufbau von Loyalität des individuellen Mitarbeiters gegenüber dem Unternehmen und dessen Interessen. Beides ist, wie uns die Zahlen zeigen, in chinesischen Teambeziehungen nicht ohne weiteres als gegeben vorauszusetzen. Wenn man also nicht auf die chinesischen Managementtugenden bauen kann, was können Unternehmen durch ihre Anreizsysteme und Managementsysteme dann tun, um die Wertschätzung ihres Managements und die Loyalität ihrer Mitarbeiter zu erreichen? Im Auftrag von DaimlerChrysler Stuttgart habe ich im Verlauf der zweiten Hälfte des Jahres 2004 gemeinsam mit meinem Kollegen Zucheng Zhou von der Jiao Tong University Shanghai eine empirische Untersuchung zu diesem Themenkomplex durchgeführt. Ziel dieser Untersuchung war es herauszufinden, welche Art von freiwilligen betrieblichen Sozialleistungen chinesische Manager bevorzugen und wie dies möglicherweise zusammenhängt mit deren Auffassung über die Notwendigkeit einer Tugend der Loyalität gegenüber dem Unternehmen, das diese freiwilligen Leistungen offeriert.

193 MBA-Studenten der Jiao Tong University im Alter von 25 bis 45 Jahre wurden zu diesem Zweck befragt. Davon waren 40 % unter 30 Jahre alt, 54 % waren 30 bis 39 Jahre alt, und 6 % waren 40 bis 49 Jahre alt. 67 % waren männlich, 33 % waren weiblich. 33 % von dieser Gruppe gehörten dem unteren Management an, 49 % dem mittleren und 7 % dem Top-Management. 69 % der Befragen haben selbst ein- oder mehrmals den Arbeitgeber gewechselt. Der Auswahl dieser Gruppe lag die Idee zugrunde, dass dies die jetzigen und auch zukünftigen Mitglieder des mittleren Top-Managements in chinesischen Unternehmen und damit auch in Joint Ventures sind. Die Selbstwahrnehmung der Gruppenmitglieder ist progressiv, da ein MBA-Studium die Bereitschaft voraussetzt, in die eigene Karriere zu investieren und sich nicht auf den Staat zu verlassen.

Ich möchte nicht alle Resultate dieser Empirie hier referieren[28], sondern nur jene, die direkte Schlussfolgerungen für das Thema dieses Aufsatzes zulassen, nämlich den Zusammenhang von Tugenden und wirtschaftlicher Tätigkeit in einem chinesischen Kulturkontext. Zunächst zeigt Schaubild 1, dass nur 1 % der Befragten Fluktuation für unethisch im Sinne einer Untreue dem Unternehmen gegenüber halten. Die Mehrzahl von ihnen (65 %) hält es für professionelles Verhalten, das einer ethischen Bewertung nicht zugänglich ist, während 25 % gar glauben, dass gerade Fluktuation ethisch begründet werden kann. Erneut zeigt sich

Abb. 1: What do you think of turnover?

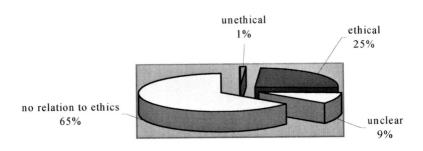

[28] Vgl. hierzu ausführlicher Wieland/Zhou 2004.

hier, dass aus einer Erhebung nationaler Werte und Tugendkulturen (hier: Orientierung am Kollektiv) nur sehr bedingt Rückschlüsse auf Individualeinstellungen und -verhalten gezogen werden können.

Auf die Frage, welche Gesichtspunkte die Entscheidung, ein Unternehmen zu verlassen, am meisten beeinflussen, erhielten wir folgende Antworten, die auf einer Likert-Skala von 1 (less important) bis 5 (most important) abgetragen wurden.

Abb. 2: To what extent do the following factors influence your turnover decision?

Factors	Score	Order
Prospect of career	4.52	1
Sense of achievement	4.41	2
Prospect of the company	4.39	3
Personal income	4.23	4
Benefits provided	3.98	5
Challenge of the job	3.94	6
Fair compensation	3.92	7
Sense of belonging to the company	3.86	8
Leadership factors	3.80	9
Internal human relationship	3.74	10
Size of the company	3.36	11
Physical conditions of workplace	3.34	12
Family factors	3.32	13
Turnover of colleagues, former classmates or friends	2.30	14

Die ersten sieben Positionen sind Ausdruck einer rein individualistischen Werteorientierung. Erst auf dem Platz 8 folgt „Sense of belonging to the company", und auf den Plätzen 13 und 14 Faktoren, die sich auf Familie und Freundeskreis (Score: 2.3) beziehen.

In die gleiche Richtung gehen die Daten, die im nächsten Schaubild 3 erfasst sind. Auch hier waren auf einer Likert-Skala Werte zwischen 1 (links: less important) und 5 (rechts: most important) auszuwählen.

Die erhobenen Werte zeigen deutlich ein flexibles und dynamisches Arbeitsmarktverhalten und eine eher individualistische Vertragsorientierung. Präferiert wird auch eine nach Leistung differenzierte Bezahlung und eine weit aufgespreizte Einkommensverteilung in den Unternehmen. Die bei den Chinesen häufig unterstellte Relationship-Orientierung findet sich hier noch am ehesten in den Aussagen, dass Freizeitaktivitäten eher traditionell im Bereich des Unternehmens gesehen werden und dass soziale Dienstleistungen eher der Gesellschaft als den Unternehmen zugerechnet werden.

Abb. 3: What is your opinion on the following opposite viewpoints?

Left point	Score	Right point
Stick to one organization until end of career	3.85	Move to another organization brings better life
Relationship oriented	3.26	Contract oriented
Develop one's career outside hometown	3.33	Develop one's career in hometown
Destiny controlled by oneself	2.18	Destiny controlled by others
Reward individual	3.15	Reward team
Organizations do not necessarily arrange employees' spare time Activities	4.01	Organizations need to arrange employees' spare time Activities
Social services provided by the company	3.84	Social services provided by the society
Enlarge the income gap in the company	2.28	Narrow the income gap in the company

Schließlich in den Schaubildern 4 und 5 noch einmal Daten, die das Bisherige bestätigen und sehr deutlich die Kurzfristorientierung der Befragten dokumentieren.

Abb. 4: What is your opinion on the following opposite viewpoints?

Left point	Score	Right point
More benefits before retirement	2.64	More benefits after retirement
Benefits paid in cash	2.11	Benefits paid in kind
More benefits for an employee	2.58	More benefits for an employee's family

Abb. 5: Payment and Performance

Policy	Score	Order
Income based on performance	4.28	1
Flexible working hours	4.04	2
Benefit differences based on performance	3.68	3
Benefit differences based on hierarchical level	3.40	4
Benefit differences based on working years	2.85	5

VI.

Für die Ergebnisse dieser empirischen Erhebung kommen verschiedene Erklärungen in Frage, die ich jetzt knapp erörtern möchte. Eine erste Erklärung könnte lauten: Sie sind Ausdruck einer turbulenten Zeit des Aufbruchs und Umbruchs in China, die nur eine historisch vorübergehende Stimmung wiedergeben. An der grundsätzlichen Werteorientierung der chinesischen Kultur ändern sie nichts.

Dieses Argument ist nicht vollständig von der Hand zu weisen, auch wenn es übersieht, dass die ideologischen und wirtschaftlichen Reformen seit mehr als 20 Jahren in China betrieben werden und sich jetzt vermutlich in einem Wandel individueller Wertvorstellungen zum Ausdruck bringen.

Eine zweite Erklärung könnte lauten: Das grundsätzliche Muster der chinesischen Wertvorstellung folgt der Differenz „wir/andere", so dass die Zahlen sich zwar auf Joint Ventures mit ausländischer Beteiligung beziehen mögen, nicht aber auf chinesische Unternehmen, die dem Modell des „Guanxi", also einem personalisierten Beziehungsnetzwerk folgen.

Auch diese Erklärung ist bis zu einem gewissen Grad zutreffend, da Beziehung und Zugehörigkeit, Familie und Freundschaft immer noch eine wichtige und nicht zu unterschätzende Rolle in China spielen. Dennoch zeigen die in diesem Aufsatz angeführten Daten und Statements, dass sich der Wertewandel nicht allein auf Ausländer bezieht und gelegentlich in chinesischen Unternehmen noch härter auftritt, da der Beschäftigung in einem westlichen Unternehmen eine hohe Attraktivität zugerechnet wird. Die chinesischen Mitarbeiter erkennen sehr wohl, dass sie in global operierenden Unternehmen die bestmögliche Aus- und Weiterbildung für ihre individuellen Karrieren erreichen können. Prestige scheint in diesem Zusammenhang auch eine Rolle zu spielen.

Was die bisherige Diskussion aber in jedem Fall zeigt, ist, dass eine direkte Zurechnung von „chinesischen" Vorstellungen im Sinne der bereits referierten Arbeiten des preskriptiven und deskriptiven interkulturellen Managements auf individuelles Handeln und Verhalten nicht möglich ist. Wird es trotzdem versucht, dann können Fehleinschätzungen über das Verhalten von chinesischen Vertrags- und Verhandlungspartnern generiert werden, die für ein westliches Unternehmen nicht triviale Konsequenzen haben können. Was die Zahlen zeigen, ist, dass es wichtig ist, die Dynamik des Wandels von Wertvorstellungen und Kulturen besser zu verstehen und präziser zu bestimmen, auf welcher kulturellen Ebene Aussagen über Werteorientierung und Tugenden überhaupt relevant sind. Ich habe dafür eine Ebenendifferenzierung vorgeschlagen[29], die ich hier kurz skizzieren möchte.

[29] Vgl. hierzu Wieland 2002a sowie die Überlegungen von Schneider/Barsoux 1997.

Abb. 6: Vier Ebenen der Wirtschaftskultur

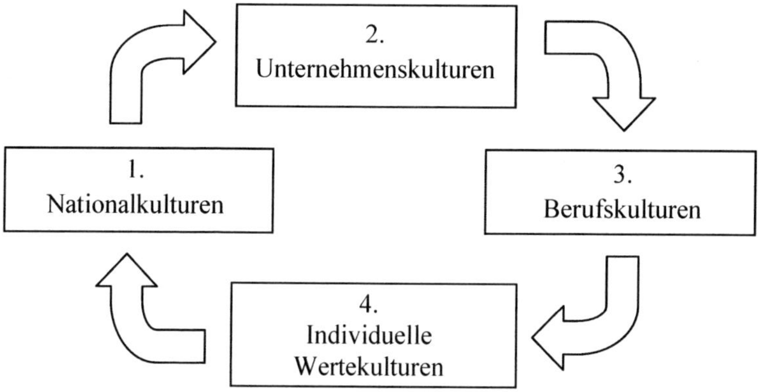

Die Einführung dieser verschiedenen Ebenen läuft darauf hinaus, Aussagen so zu differenzieren, dass zwischen individuellen Werten und Tugenden und Unternehmenswerten, Berufswerten und nationalen Wirtschaftswerten unterschieden werden kann. Die bisherigen Forschungen zum interkulturellen Management unterscheiden zwar zwischen verschiedenen „layers of culture"[30] oder „spheres of culture"[31], haben aber, soweit ich sehe, bisher das Thema der Organisationswerte als eigenständige Entitäten, die einen Rückkopplungseffekt auf andere Kulturebenen haben, nicht systematisch ausgearbeitet. Mit anderen Worten: Strukturbildung in ihrem Einfluss auf individuelle Wertvorstellungen und Tugenden, oder allgemein: das Zusammenspiel von Struktur und Kultur, wird nicht hinreichend gewürdigt.[32] Das Schaubild 6 möchte ich nutzen, um zu zeigen, in welcher Weise verschiedene Kulturebenen miteinander kompatibel oder eben inkompatibel sind.

1. Werte auf der Ebene nationaler Wirtschaftskulturen prägen sowohl die Ebene Berufskulturen und Unternehmenskulturen und individuelle Werte, dominieren sie aber nicht. Im Vergleich zu einer anderen nationalen Wirtschaftskultur werden sie jedoch immer von Differenz geprägt sein. Daraus folgt etwa, dass die Idee, es werde über kurz oder

---

[30] Hofstede 1980, S. 10.

[31] Schneider/Barsoux 2003, S. 51.

[32] Vgl. hierzu Wieland/Becker 2004.

lang eine weltweit einheitliche Wirtschaftskultur geben, aus der Sicht der Governanceethik nicht zutreffend ist. Hier ist Differenz und das Verständnis von und für Differenz entscheidend.

2. Unternehmenskultur folgt prinzipiell der Maxime „make a differ-ence", weil es ihre Funktion ist, ein Unternehmen von anderen Unter-nehmen abzugrenzen. Hier geht es gerade um die singuläre Position – und nicht nur um Praktiken –, die Gegenstand von gezielten Manage-mentbemühungen ist. „Das chinesische Unternehmen" gibt es genauso wenig wie „das deutsche Unternehmen", obwohl beide gewiss Merk-male der nationalen Wirtschaftskultur zeigen werden.

3. Auf der Ebene der Berufskulturen finden sich am ehesten gemeinsame Wertvorstellungen, da sie sehr stark von professionellen Standards ge-prägt sind. Banker, Automobilingenieure, Marketingfachleute usw. werden sich in ihren Wertestandards und Tugendauffassungen hin-sichtlich ihrer wirtschaftlichen Tätigkeit angleichen, da sie in der Regel mit gleichen Fragestellungen konfrontiert sind, deren Lösung möglichst paretosuperiore Eigenschaften haben soll. Hier gibt es eine Art gemeinsamer Erfahrung und objektiven Bezugspunkts, der eine solide Basis der Kooperation von Unternehmen in Joint Ventures abgeben kann.

4. Individuelle Wertvorstellungen können eine Mischung aus nationalen, branchenüblichen, unternehmensspezifischen und vollständig idiosyn-kratischen Präferenzen sein und bleiben daher in letzter Konsequenz auch immer kontingent. Umgekehrt gilt jedoch, dass gerade in Unter-nehmen persönliche Tugenden und eine anerkannte moral leadership entscheidend die Kultur eines Unternehmens, zumindest aber einer seiner Abteilungen, prägen können.[33]

Die Ausprägung von individuellen und organisationalen Wertvorstellun-gen, ihre Effektivität und Effizienz in der Beeinflussung von Entschei-dungen und Transaktionen in der Wirtschaft hängen demnach vom Zu-sammenspiel der Ebenen 1 bis 4 ab. Die Gestaltung der Dynamik von Wertekulturen und Tugendvorstellungen folgt dabei sehr unterschied-lichen Metriken. Während nationale Wirtschaftskulturen sich nur evolu-

[33] Vgl. hierzu den Beitrag von Palazzo in diesem Band.

tionär und über viele Jahrzehnte hinweg ändern, kann dies bei der Berufskultur, bei der Unternehmenskultur und bei individuellen Wertvorstellungen sehr viel schneller geschehen.

In das Theoriedesign der Governanceethik übersetzt zeigen sich für den Bereich des Retention Managements in westlich-chinesischen Joint Ventures und, allgemein, des interkulturellen Managements, folgende Gestaltungsoptionen:

T = Absenkung der Fluktuationsrate, Stärkung der Unternehmensloyalität durch freiwillige Sozialleistungen

m = Werte und Tugenden, die auf T wirken

IS = individuelle Werte, Tugenden

IF_N = nationale Wirtschaftskultur

IF_{OKK} = Unternehmenskultur

IF_B = Berufskultur

FI = formale Institutionen

OKK = Anreize betrieblicher freiwilliger Sozialleistungen

Aus Gründen der theoretischen Schlankheit soll angenommen werden, dass die Wirkung formaler Institutionen neutral ist (FI = 0) und dass das Vorliegen einer agonalen Tugend mit −1 charakterisiert wird und eine weisheitsethische Tugend durch eine positive 1 dargestellt wird. Dies führt zur folgenden Governancefunktion mit der dazugehörigen Anreizmatrix Tm:

$$Tm = f(IS, \ IF_N, \ IF_{OKK}, \ IF_B, \ FI, \ OKK)$$

IS	IF_N	IF_{OKK}	IFI_B	FI	OKK
-1, 0	-1, 0	1	1	0	1

Es zeigt sich, dass ein interkulturelles Management sich nicht allein auf ein individualistisches Tugendverständnis abstützen sollte. *Guanxi* muss mehr bezeichnen als eine Beziehung zwischen zwei Personen; es geht um *guanxi* zwischen Organisationen und Organisationen und Personen.[34] Die Gesamtheit der zur Verfügung stehenden Governancestruktur, mit der sich Werte und Tugenden stützen und gestalten lassen, muss ins Spiel gebracht werden. Für die moralische Sensibilität der Governancestruktur ist vor allem die gelingende Simultanität der verschiedenen Governanceelemente von ausschlaggebender Bedeutung.[35] Die Bildung einer Tugend der Loyalität zum Team kann in deren Konsequenz durch den Aufbau einer starken Unternehmenskultur (IF_{OKK}) gelingen, die Züge einer Clanstruktur[36] tragen sollte. Freiwillige betriebliche Sozialleistungen als strukturelle Komponente (OKK) sollten sich in dieses Muster einpassen und als ihren Referenzpunkt auch kollektive Strukturen, wie es etwa Familien sind, berücksichtigen. Die ausgewogene Struktur individueller und kollektiver Vorteile für den Mitarbeiter und seine Familie dürften dabei von einiger Bedeutung sein.

Insgesamt zeigt die bisherige Erörterung die Notwendigkeit einer dynamischen Theorie interkulturellen Managements, die auf die rekursive Vernetzung von kulturellen und strukturellen Elementen der Governance von Diversifität abstellt. Auf diese Weise lässt sich zeigen, dass interkulturelles Management mehr ist als das Verständnis für und die Anpassung an die Differenz nationaler Kulturmuster. Aus der Sicht der Governanceethik geht es um die Gestaltung von Kooperationsbeziehungen zum beiderseitigenVorteil. Dabei kann es weder um die Akzeptanz oder Imitierung agonaler Tugenden noch um die schlichte Übernahme fundamentaler Überzeugungen der jeweils anderen Seite gehen. Auf einer lokalen Ebene geht es vielmehr darum, dass von allen Beteiligten geteilte Werte und Tugenden gemeinsam entwickelt werden, die im Hinblick auf die erfolgreiche Durchführung einer distinkten Transaktion und damit auch immer einer sozialen Kooperation förderlich sind. Auf einer globalen Ebene wird es um die Schaffung einer von allen relevanten „global players" akzeptierten Kooperationskultur zum wechselseitigen Vorteil gehen, der nur erreichbar sein wird in einem offenen und wechselseitigen Lernprozess. Dieser Lernprozess aber ist auf Dauer gebunden an eine angemessene Form der Governance der involvierten Tugenden.

---

[34] Vgl. für diesen Befund auch Pedersen 2006.

[35] Vgl. hierzu Wieland 2004b und 2005, Kap. 1.

[36] Vgl. hierzu Ouchi 1980.

Mehr noch: In der Herausbildung einer weltweiten Kooperationskultur ist Governance selbst eine Tugend.

Literatur

Buchanan, J. (1975): The Limits of Liberty. Chicago: The University of Chicago.

Detienne, M./Vernant, J.P. (1978): Cunning Intelligence in Greek Culture and Society. Atlantic Highlands/NJ: Humanities Press.

Eco, U./Sebeoc, Th.A. (1985): Der Zirkel oder im Zeichen der Drei. München: Fink.

Fernandez, J.A. (2004): The Gentleman's Code of Confucius: Leadership by Values. Organizational Dynamics, Vol. 33, No. 1, S. 21-31.

Fu, P.P./Peng, T.K./Kennedy, J.C./Yukl, G. (2004): Examining the Preferences of Influence Tactics in Chinese Societies: A Comparison of Chinese Managers in Hong Kong, Taiwan and Mainland China. Organizational Dynamics, Vol. 33, No. 1, pp. 32-46.

Heiming, I. (1999): Interkulturelles Personalmanagement – Vorbereitung auf den chinesischen Markt. Bielefeld 1999: Bertelsmann.

Hewitt Associates LLC (2004): Personaltrends in China. German Chamber Luncheon, 6. Sept. 2004, Vortrag: www.china.ahk.de/chamber/beijing/events/attachment/050524-AnnualReport.pdf

Hofstede, G. (1980): Culture's consequences: International differences in work-related values. Newbury Park/CA: Sage.

Hofstede, G. (1997): Cultures and Organizations. Software of the Mind. Intercultural cooperation and its importance for survival. New York: Mc Graw-Hill.

Hofstede, G./Bond, M.H. (1988): Die Konfuzius-Connection – von cultural roots to economic growth, in: Organization Dynamics No. 16, S. 4-21.

Luhmann, N. (1993/1999): Gesellschaftsstruktur und Semantik. Studien zur Wissenssoziologie der modernen Gesellschaft. Bd. 1-4. Frankfurt a.M.: Suhrkamp.

Ouchi, W. (1980): Markets, bureaucracies, and clans. Administrative Science Quarterly, 25, S. 129-141.

Palazzo, G. (2006): Die Rückkehr des Individuums in die Governanceethik – Polylingualität als Einfallstor der Tugend. In: Wieland, J. (Hg.) (2006): Die Tugend der Governance. Marburg: Metropolis (Band 4 der Reihe „Studien zur Governanceethik").

Pedersen, M.H. (2006): Business Integrity in China. The China Business Review, Jan.-Feb. 2006, S. 32-36.

Schneider, S.C./Barsoux, J.-L. (1997): Managing Across Cultures. Harlow et al.: FT Prentice Hall. 2. Auflage 2003.

Senger, H. von (2004): 36 Strategeme für Manager. München/Wien: Hanser.

Tsu, S. (2001): Wahrhaft siegt, wer nicht kämpft. Die Kunst des Krieges. München: Piper.

Trompenaars, F./Hampden-Turner, Ch. (1994): Riding the Waves of Culture. Understanding Diversity in Global Business. New York: Nicholas Brealey Publishing.

Tsui, A.S./Wang, H./Xin, K./Zhang, L./Fu, P.P. (2004): Let a Thousand Flowers Bloom: Variation of Leadership Styles Among Chinese CEOs. Organizational Dynamics, Vol. 33, No. 1, pp. 5-20.

Weber, M. (1991): Die Wirtschaftsethik der Weltreligionen. Konfuzianismus und Taoismus. Schriften 1915-1920. Tübingen: Mohr Siebeck.

Wieland, J. (1998): Formelle und informelle Institutionen der Ökonomie. Genese und Evolution. Marburg: Metropolis (gemeinsam mit G. Wegner).

Wieland, J. (1999): Die Ethik der Governance. Marburg: Metropolis.

Wieland, J. (2002): Die Governance kultureller Diversifität. In: Röttgers, K./ Koslowski, P. (Hrsg.): Transkulturelle Wertekonflikte. Theorie und wirtschaftsethische Praxis. Heidelberg: Physica.

Wieland, J. (2004a): Human-Capital-Management und Wertemanagement. In: Dürndorfer, M./Friedrichs, P. (Hrsg.): Human-Capital-Leadership. Wettbewerbsvorteile für den Erfolg von morgen. Hamburg: Murmann-Verlag.

Wieland, J. (2004b): Governance und Simultanität – Wissen als kooperative und moralische Ressource. In: Wieland, J. (Hrsg.): Governanceethik im Diskurs. Marburg: Metropolis.

Wieland, J. (2005): Die Normativität der Governance. Marburg: Metropolis.

Wieland, J./Zhou, Z. (2004): Final Report of the DaimlerChrysler Project: HR Management und Business Ethics in China, 19.10.2004 (nicht veröffentlicht).

Williamson, O.E. (1996): The Mechanisms of Governance. New York: Oxford University Press.

Governing Virtue and Vice

Diskursethische Bemerkungen zur Governanceethik

Matthias Kettner

Mit den folgenden Bemerkungen zur Governanceethik möchte ich einige Punkte aufzeigen, in denen sich der governanceethische Ansatz, den Josef Wieland seit etwa einem Jahrzehnt vertritt und weiterentwickelt, mit Motiven der postklassischen Diskursethik deckt, die ich seit etwa einem Jahrzehnt vertrete und weiterentwickle. Ich möchte dies, wie könnte es unter Wissenschaftlern anders sein, in Form einer Kritik tun, also auch die Punkte aufzeigen, an denen ich Probleme der Governanceethik ausmache, die die Diskursethik so *nicht* hat (dafür hat sie gewiss andere). Angesichts des gewichtigen Gegenstands – es geht um nichts weniger als den Sinn angewandter Ethik in Organisationen – hat der Gestus des Vergebens von Plus- und Minuspunkten gewiss etwas Albernes – allein, die notwendige Kürze meiner Bemerkungen lässt an dieser Stelle nichts anderes zu. Für viele interessante Diskussionen danke ich den Teilnehmern der Tagung zur Governanceethik vom Oktober 2004 an der Fachhochschule Konstanz.

Wie hat sich die Governanceethik entwickelt? Die erste mir bekannte geschlossene Darstellung einer „Ethik der Governance" findet sich in Josef Wielands gleichnamigem Buch aus dem Jahr 1999.[1] Speziell die Governanceethik des Unternehmens definiert Wieland dort (S. 69) als „die Lehre von der komparativen Analyse der moralsensitiven Gestaltung und Kommunikation der Governancestrukturen spezifischer wirtschaftlicher Transaktionen mittels Kooperation" bzw. (S. 89 und 91) als Forschungsprogramm des Vergleichs „von formalen und informellen Gover-

---

[1] Wieland 1999.

nancestrukturen im Hinblick darauf, moralisch gewünschte Zustände in lokalen Kontexten zu bewirken" und der „komparativen Analyse und Gestaltung transaktionsspezifischer Mechanismen zur Realisierung und Steuerung moralischer Kommunikation in und zwischen den Unternehmen und der Gesellschaft". Die Governancestrukturen selbst, die die Governanceethik unter moralischen Gesichtspunkten vergleichen und trimmen können soll, beschreibt Wieland – abstrakt, aber suggestiv – als „Sets oder Matrizen kommunizierter formaler und informaler Regeln und Werte, die als Constraints den kooperativen Akteur konstituieren und ihn mit expliziten und impliziten Spielregeln für Vertrags- und Organisationsbeziehungen zur Realisierung spezifischer Transaktionen ausstatten" (S. 67 f.). Damit hofft Wieland (vgl. bes. S. 87 f.) den Handlungsbegriff (als die übliche primäre Einheit der ethischen Analyse) loszuwerden und zudem an eine komparative Betrachtungsweise anschließen zu können (wie sie der frühe Luhmann vorgemacht hat).

I.

Ich war im Kontext der Sondierung halbwegs prägnanter wirtschafts- und unternehmensethischer Ansätze schon vorher auf Wielands erhellende Aneignung von Motiven und Methoden der angelsächsischen Business Ethics und des Value Management gestoßen.[2] Die wichtigste Distinktion, mit der sich die Governanceethik von diesem Hintergrund absetzt und ein eigenes ethisches Profil gewinnt, erscheint mir (1) die Unterscheidung von Begründungs- und Anwendungskontext moralisch-normativer Gehalte – in Verbindung (2) mit der Einsicht, dass sich die Überzeugungskraft des rationalen Apparats, den die philosophische Ethik für die Prinzipienprüfung und -begründung sehr weitgehend ausgearbeitet hat, auf merkwürdige Weise im Anwendungskontext verliert. Die in den 60er und 70er Jahren entstandene (und im Ursprung durchaus sozialreformerische und gesellschaftskritische) Bewegung der „applied ethics" bezeugt diesen Bruch.[3] Eine in einem „Kontext" hoch getriebene Rationalität versagt und muss deshalb modifiziert, ergänzt oder verabschiedet werden in einem anderen „Kontext". Diese Konstellation war viel früher bereits

[2] Siehe Wieland 2000.
[3] Vgl. Kettner 2003, S. 77-100.

innerhalb der philosophischen Wissenschaftstheorie aufgetaucht und hatte dort zur Unterscheidung von „Begründungskontext" (context of justification) und „Entdeckungskontext" (context of discovery) geführt – und zu einer langen Reihe von Versuchen, spezifische Rationalitäten für beide Seiten dingfest zu machen.

Wieland (1999, S. 85) schlägt vor, „die Begründungs- und Anwendungsebene von moralischen Sätzen zu entkoppeln." Das heißt: „Weder kann die Anwendungsebene kategorial oder der Sache nach direkt aus der Begründungsebene entwickelt noch auf diese ohne Rest zurückgeführt werden." Wieland notiert diese „Lücke" (ebd.) eher, als zu versuchen, sie mit aufwendigen theorietechnischen Mitteln der normativen Ethik zu untersuchen und womöglich zu schließen. Die begrifflichen Mittel der Institutionenökonomik, auf die er zurückgreift, erscheinen ihm verlässlicher und ausreichend für sein Ziel, mit der Governanceethik einen Ethik-Ansatz zu plausibilisieren, der die eigensinnige Rechtfertigungslogik moralischer Prinzipien im Kontext philosophischer Begründungsdiskurse nicht leugnen muss und doch die Bürde der Praxisirrelevanz loswerden will, die den Kontext philosophischer Begründungsdiskurse als solchen auszeichnet oder, je nachdem, zeichnet. Die Governanceethik ist eine „bedingte Ethik" (Wieland 1999, S. 86), aber sie ist es mit gutem Gewissen. Zwar leugnet die Governanceethik nicht rundweg jenes „Primat der Ethik", das seit William Frankenas und Kurt Baiers Erfindung des metaethischen Ausdrucks „overridingness" seither von unzähligen Ethikern – allerdings erstaunlich bedenkenlos – wiederholt und zum Mantra abgeschliffen worden ist[4], was es bei Kant nicht war. Dass die Governanceethik nicht zum radikalen Kontextualismus überläuft und das Bad (Primat moralischer Geltungsansprüche) mit dem Kinde (Begründungsanspruch moralischer Geltungsansprüche) ausschüttet, ist ein Pluspunkt. Sie lässt das Primat einfach dahingestellt.

Allerdings – und das ist ein Minuspunkt – gestikuliert sie bloß in Richtung von Beschreibungen der modernen Gesellschaft, die in systemfunktionalistisch eingestimmten scientific communities als selbstverständlich gelten: „Gleichheit in der Begründungsautonomie von Ökonomik und Ethik und ihre Gleich-Gültigkeit in lokalen Anwendungszusammenhängen sind *in funktional differenzierten Gesellschaften* an die

---

[4] Siehe Baier 1958. Kritisch zu metaethischen Primatthesen seit Kant siehe Williams 1999. Für eine kurze Einordnung siehe Kettner 2002, S. 410-414.

Stelle einer hierarchischen Ordnung der beiden Entscheidungslogiken getreten. Dies hat seine Ursache auch darin, daß die tradierte Annahme, daß mit der Begründbarkeit von Moral auch deren Anwendungsfähigkeit gegeben sei, sich *in funktional differenzierten Gesellschaften* endgültig als irrig erwiesen hat."[5] Aus dem Blick gerät durch solche Pauschalhinweise, dass die nivellierende Behandlung von moralischen „Werten" als eine Art von Werten unter vielen anderen Werten anderer Art – Wieland (1999, bes. S. 75 und S. 94) unterscheidet „Leistungswerte", Kommunikationswerte", „Kooperationswerte" und „moralische Werte" – vor allem und zuerst zu tun hat mit dem seinerseits von spezifischen Leitwerten geprägten Entscheidungsspielraum von Unternehmen in einer marktkapitalistischen Weltwirtschaft und fernerhin erst mit der Zugehörigkeit dieser Unternehmen zu einer funktional differenzierten Gesellschaft.

An manchen Stellen spricht Wieland von den zwei vergleichsweise noch abstrakteren Leitwerten „Kooperationsbereitschaft" und „Kooperationsfähigkeit" (Wieland 1999, S. 57, 75, 77) so, als handele es sich bei diesen Leitwerten um dasjenige Gute, worum es in aller Moral immer schon ging und gehen sollte. Eine solche Bestimmung des Moralischen kann man durchaus als eine metaethische Position zu vertreten versuchen – im Feld von Alternativen, zum Beispiel der Auffassung, dass die tiefste Pointe der Moral im Schutz vor vermeidbaren Übeln besteht.[6] Wieland investiert hier aber keine theoretische Aufmerksamkeit und übersieht deshalb (1), dass Kooperation nicht per se auf der Seite des moralisch Guten zu stehen kommt (vermutlich sind auch Al Qaida-Mitglieder im Binnenraum ihrer Terrororganisation hoch kooperationsbereit und -fähig), und (2), dass er eigentlich nur von Kooperation im Rahmen von Unternehmen spricht, nämlich „ökonomische Kooperation von Ressourceneigentümern" (ebd., S. 57). Die besonderen Kooperationsprojekte marktkapitalistischer Unternehmen sind aber nicht mit Kooperationsprojekten schlechthin identisch. Es gibt Formen der Kooperation diesseits

---

[5] Wieland 1999, S. 84 f.; Hervorhebung M.K.

[6] Die erste Wieland nahe stehende Auffassung entwickelt Ernst Tugendhat aus der Intuition, dass ein moralisch „guter" Mensch ein guter Kooperationspartner ist (Vorlesungen über Ethik. Suhrkamp Verlag, Frankfurt 1993). Die zweite Auffassung vertritt kraftvoll Bernard Gert (Morality. Its Nature and Justification. Oxford UP, Oxford 1998).

und jenseits der Kooperation von Marktteilnehmern – zum Beispiel in Familienbeziehungen und politischen Gemeinwesen. Wieland weiß das, aber seine Governanceethik weiß es scheinbar nicht. Das verblüfft umso mehr, als der Begriff der Governance nicht gleich unter dem verengenden Bezug auf Unternehmen eingeführt wird, sondern als eine allgemeine Steuerungsform, die in verschiedenen Bereichen menschlicher Aktivität Verschiedenes meinen kann, zum Beispiel „politische" *versus* „wirtschaftliche" Governance usw.[7]

Die „Leitwerte" Kooperationsfähigkeit und Kooperationsbereitschaft mögen in marktwirtschaftlich operierenden Unternehmen tatsächlich Leitwerte der Hinordnung auf die Wertschöpfungsziele solcher Unternehmen sein. Sie sind darum noch keine moralisch qualifizierten Leitwerte. Wie können diesen Leitwerten moralische Qualitäten eingeprägt werden?

II.

Wieland sieht das Problem (vgl. S. 77), hat aber eine nur oberflächlich befriedigende Antwort: „In einem ersten Schritt können wir Rawls folgen und mit ihm auf die moralischen Hintergrundannahmen der Gesellschaft als Bewertungskriterium hinweisen." Was mit moralischen Hintergrundannahmen der Gesellschaft gemeint sein könnte, wird aber in der Governanceethik (anders als bei Rawls in dessen Theorie politischer Gerechtigkeit) im Dunkeln gelassen. Hier käme auch die systemfunktionalistische Diagnose der Modernität moderner Gesellschaften, die Wieland übernimmt, der eigentlich erforderlichen Präzisierung in die Quere, denn zu dieser Diagnose gehört auch, zumindest bei Luhmann, die doppelt wertskeptische Behauptung, dass es moralische Hintergrundannahmen in modernen Gesellschaften nicht in nennenswertem Umfang gibt, und wenn es sie gäbe, dies innerhalb der Funktionssysteme nur ein wenig Rauschen produzieren würde.

---

[7] Wieland 1999, S. 7 f.: „Governance bezeichnet dabei eine Steuerungsstruktur oder eine Steuerungsmatrix zur Abwicklung wirtschaftlicher und gesellschaftlicher Transaktionen. Governance verweist auf den Begriff des Regimes und des Regierens, öffnet ihn aber für nichtstaatliche, also private und gesellschaftliche Organisationen, wie Unternehmen es sind."

Ein ganz anderes Bild ergibt sich, wenn man mit Rawls mitgeht: Moralische Hintergrundannahmen sind dort, wo sie sich zu „überlappenden
Konsensen" (wie Rawls sagt) für die Mitglieder moderner Gesellschaften
verdichten, der normative Boden für die Werte, die in den Verfassungen
der betreffenden demokratischen Gemeinwesen rechtlich kodifiziert werden und als solche alle Mitglieder binden, auch die unternehmerisch oder
konsumptiv aktiven Wirtschaftsbürger. Denkt man die Figur der in
Grundrechten und Verfassungen kodifizierten Werte weiter bis – in
größter Verallgemeinerung – hin zu den erklärten Menschenrechten und
den in ihnen kodifizierten Werten, so sieht man, dass diese „polynormativen Universalien"[8] stets auch ein *moralisches* Moment haben, das
reichlich moralische Standards abwirft, die der Governanceethik aus der
Verlegenheit helfen könnten, die darin besteht, dass die Governanceethik
eine Antwort braucht, aber keine hat auf die Frage, wann „gemessen am
vorfindlichen Zustand, moralisch bessere Antworten auf bestimmte
Transaktionsprobleme" (ebd., S. 76) gefunden worden sind und wann
nicht. Ohne solche Standards zur vergleichenden *moralischen Bewertung*
von inkrementellen Veränderungen in, an und mit Unternehmen, ohne
einen *moralisch-normativen* (und auch als solcher begründeten) Teil
bleibt das Fazit des *deskriptiven* Teils der Governanceethik ethisch ge-
haltlos.

Ich muss das erläutern. Das Fazit des deskriptiven Teils der Governanceethik lautet: „Moralkulturen beeinflussen in Organisationen und in
Gesellschaften das wirtschaftliche Leistungsniveau über die Transaktionskosten positiv oder negativ" (ebd., S. 105). Das ist interessant, legt
Wieland aber den folgenden Kurzschluss nahe. Er schreibt: „In der Globalisierung der produktiven Wirtschaftsbeziehungen gilt daher für alle
Unternehmen der folgende Imperativ: Wähle dasjenige Unternehmen aus
demjenigen Land zum Produktions- oder Vertriebspartner, dessen moralische Kultur positive Einflüsse auf die Gesamtkosten der angestrebten
wirtschaftlichen Transaktionen hat" (ebd.). Aus der deskriptiven Prämisse kommt man zur normativen Konklusion nur über eine weitere –
hier freilich unterdrückte – normative Prämisse. Wie würde sie lauten?
Etwa: Steigere das wirtschaftliche Leistungsniveau? Steigere produktive
Wirtschaftsbeziehungen? Senke Transaktionskosten? Das sind sicherlich
denkbare normative Prämissen von Management. Doch wenn sich Go-

---

[8] Vgl. Kettner 2000b, S. 388-407.

vernanceethik von Management in ihrem Werteset unterscheiden soll, muss sie als eine Form von *Ethik* an dieser Stelle moralisch qualifizierte normative Prämissen in petto haben, die eine managerial verstandene Governance als eine Form von *Management* nicht in petto haben muss.

Ich meine: Auch wenn Governanceethik unter günstigen Umständen die Form von Management annehmen kann und wohl auch soll (Stichwort „Wertemanagement"), muss sie ihrem Begriff nach von Management unterscheidbar bleiben, das heißt mit zusätzlichen und anderen Wertbezügen als dieses operieren können. Die Bewertung der Produktivität und Transaktionskosten in einem unternehmerischen Netzwerk N vor und nach einem Change Management kann mit der Bewertung der Moralkultur und der moralisch relevanten Wirkungen von N konform gehen – oder auch nicht. Die beiden Bewertungsdimensionen sind axiologisch orthogonal, daher könnten sie konform gehen, aber auch ganz auseinander laufen. Moralische Kosten lassen sich nicht als Transaktionskosten begreifen, auch wenn wir begreifen, wie die einen die anderen in die Höhe treiben können. Die Governanceethik verfügt über keinen ausgearbeiteten Begriff moralischer Kosten und riskiert deshalb ihre Verwechslung mit betriebswirtschaftlichem Management. Das ist ein Minuspunkt.

Wieland beschreibt sehr klar ein Problem, das sich aus seiner Theorieentscheidung, „die Begründungs- und Anwendungsebene von moralischen Sätzen zu entkoppeln" (Wieland 1999, S. 85), ergibt: Es gibt „auf die Begründungsebene moralischer Sätze" (z.B. auf den moralischen Satz M *Jeder soll zur freien Meinungsäußerung berechtigt sein*) „keinen Durchgriff" ökonomischer Bewertungsgründe (ebd., S. 63). Ich verstehe das so: Die *moralisch guten* Gründe Gm, aus denen wir finden, dass M zu dem gehört, was wir in abstracto als das moralisch Richtige anerkennen müssen, werden auch dann nicht entwertet, wenn wir etwa im Überlegungskontext einer unternehmerischen Handlungsentscheidung in einer bestimmten Situation finden, dass die Kooperationsrente, die wir mit dem Unternehmen erhalten oder erzielen wollen, uns *ökonomisch gute* Gründe Gö gibt, bestimmten Mitarbeitern bestimmte Formen der Meinungsäußerung zu untersagen (z.B. weil sie die Reputation der Firma beschädigen würden, also geschäftsschädigend sind). Wieland zieht es vor (wegen seiner Wahl der institutionenökonomischen Theorieperspektive?), von Arten von „Werten" und „Anreizen" zu sprechen, wo ich (wegen meiner Wahl der diskurstheoretischen Theorieperspektive) es vorziehe, von

Arten „guter Gründe" zu sprechen. Er schreibt (ebd., S. 66): „Ökonomische und moralische Werte und Anreize wirken daher in je eigener und
distinkt angebbarer Weise auf die Kooperationsbereitschaft, Kooperationsfähigkeit und Kooperationschancen eines Unternehmens. Sie verlieren ihre je eigene Identität erst in der Kooperationsrente." Die Kooperationsrente ist im Kontext unternehmerischen Handelns die gemeinsame
Endstrecke[9] aller Werte und Anreize, das heißt wir statten sie im unternehmerischen Denken mit einer relativen Überwertigkeit oder Normativität aus, die dann gegebenenfalls in polywertigen oder polynormativen
Entscheidungslagen, wo vielfältige Werte (bzw. verschiedenartige Gründe) berücksichtigt werden müssen, in *Führung* geht bzw. ein Orientie-
rungs*primat*[10] gewinnt (bzw. zum *höchsten* Metabewertungsgrund auf-
steigt). Wieland meint: Auf der „Begründungsebene" – jedenfalls wo
„funktional differenzierte Gesellschaften" (ebd., S. 83) den Hintergrund
der „Begründungsebene" bilden – besteht „Gleichrangigkeit aller verfüg-
baren systemisch begründeten Entscheidungslogiken" (ebd., S. 84). Eine
Rangierung, relative und differenzierte Gewichtung und Umgewichtung
„vollzieht sich hingegen in ihrer Anwendung" (ebd.) – nach Maßgabe
unterschiedlicher Kooperativitätsanforderungen verschiedenartiger Organisationen. Ethik sensu Wieland, also auch seine Governanceethik, muss
daher „in der Kontextualisierung lokaler Situationen, also als Anwendungsethik (…) nicht nur transdisziplinär argumentieren, sondern vor
allem realisieren, [1] daß hier Gleichheit im Sinne von Gleich-Gültigkeit
aller beteiligten und akzeptierten Entscheidungswerte herrscht" (ebd.).
Entweder widerspricht er sich mit [1], denn bei denjenigen Organisationen, die Unternehmen sind, soll ja die Normativität der Kooperationsrente (z.B. eine bestimmte angestrebte Rendite oder Gewinnmarge) führend, also nicht gleich-gültig sein – oder führend, obschon (nur) gleich (=
nicht mehr noch weniger) gültig. Oder Wieland meint [1] irgendwie un-
spezifisch und allgemein, sozusagen auf jedwede Anwendungsethik in

---

[9] Für eine präzisere Beschreibung dieser Endstrecke siehe Wieland 1999, S. 65.

[10] Das Primat, jedenfalls den relativen Vorrang vor Moral, ist von Wieland (1999,
S. 59-60) klar bezeichnet: „Moral strukturiert weder die Marktumwelt des Unternehmens, noch ist sie für dieses eine marktkonstitutive Handlungsbeschränkung",
und „Gewinne sind die [nota bene, M.K.] bedeutendste, aber nicht die einzige Handlungsbeschränkung eines Unternehmens." Wieland sagt weder, dass es so sein soll
und nicht anders sein kann, sondern nur, dass es so ist. Und das stimmt wohl.

jedweder Organisation hin gesprochen. Dann aber kehrt das elegant dahingestellt gelassene und in die „Begründungsebene" abgeschobene Problem eines „Primats" des Moralischen auf der „Anwendungsebene" wieder:

Woran würde ein Entscheider oder Entscheidungsbeurteiler E eigentlich merken oder erkennen können, ob eine Entscheidung, bei der die
verschiedenartigen „Werte" Wa, Wb, …, Wn im Spiel waren, richtig
oder falsch ist oder war, wenn wirklich Wa, Wb, …, Wn gleich gültig im
Spiel sind? Nach welchen Kriterien würde E auch nur beurteilen können,
ob es in der Entscheidungsepisode, in der Wa, Wb, …, Wn berücksichtigt
wurden und zu einer Entscheidung geführt haben, vernünftig zugegangen
ist, wenn Wa nur nach Maßgabe Wa-interner Standards, Wb nur nach
Maßgabe Wb-interner Standards, …, Wn nur nach Maßgabe Wn-interner
Standards ausgespielt werden (weil Wa, Wb, …, Wn angeblich gleich
gültig im Spiel sind)? Ich will darauf hinaus, dass das Spiel selbst – die
entscheidungsorientierte Deliberation – schon gewisse prozedurale Standards aufweisen muss, damit das Ergebnis akzeptabel sein kann; Standards, die über Nichtwidersprüchlichkeit, den trivialen Standard jeglicher
Rationalität, hinausgehen. Wenn für das Deliberationsergebnis nicht
allein Akzeptabilität in einem rational qualifizierten Sinne, sondern über-
dies in einem moralisch qualifizierten Sinne gefordert wird, dann

1. müssen im Werteset Wa, Wb, …, Wn auch Werte moralischer Art
   (Wm) vorkommen, oder

2. die prozeduralen Standards, die den Deliberationsprozess selbst re-
   stringieren, müssen auch moralische Standards enthalten, oder

3. beides.

Wieland optiert für (1). Aber (1) in Verbindung mit [1], der Gleich-Gül-
tigkeitsannahme, ist unplausibel. Denn wie es Minima der Rationalität
gibt, die nicht, auch nicht in „Anwendungskontexten", aufgehoben werden können, ohne das Deliberationsergebnis irrational zu machen (z.B.
das Prinzip vom zu vermeidenden Widerspruch), so gibt es auch Minima
der Moralität, die nicht, auch nicht in „Anwendungskontexten", aufgehoben werden können, ohne das Deliberationsergebnis unmoralisch zu
machen (z.B. die prinzipiell begründeten Menschenrechte). Menschenrechte (bzw. die Werte, in die sie sich für Wieland übersetzen oder die
Gründe, in die sie sich für mich übersetzen) sollten im Wertkonfliktfall

andersartige Werte übertrumpfen. Ein Unternehmen, das in seinen operativen Entscheidungen seine betriebswirtschaftlichen Zielwerte gleich gültig neben den Wert der Nichtverletzung von Menschenrechten stellt statt darunter, wäre unternehmensethisch im roten Bereich, selbst wenn es kaufmännisch im grünen Bereich wäre – übrigens auch in „funktional differenzierten Gesellschaften".

Wieland wird dies ähnlich sehen. Aber Wielands Theorie (auf dem Explikationsstand von 1999) fehlen hierfür die Ausdrucksmittel. Ich optiere diskursethisch für (3). Die Menschenrechte, als moralische Minima, und andere, mehr als minimale (oder „dichtere") moralische Gehalte (z.B. die Werte, die bestimmten Formen des unternehmerischen Handelns selbst eingeschrieben sind, etwa die Werte eines „ehrbaren Kaufmanns" oder, weniger anachronistisch, die Werte eines Unternehmens, das es sich zum Ziel setzt, seine Kunden mit nutzbringenden Produkten zu angemessenen Preisen zu befriedigen), kommen mit und neben andersartigen Werten in der Deliberation zum Zuge. Aber *wie* sie mit und neben andersartigen Werten zum Zuge kommen, der Deliberationsprozess selbst, unterliegt seinerseits gewissen moralischen Anforderungen, die nicht erst aus den im Spiel befindlichen Werten (auch Moralwerten) kommen, sondern immer schon im Spiel sind, wenn wir darauf vertrauen, dass der Prozess, sofern er zu akzeptablen Ergebnissen führt, auch zu moralisch akzeptablen Ergebnissen führt. Diese moralischen Anforderungen an Deliberationsprozesse artikulieren Diskursethiker in Begriffen eines „praktischen" oder „moralischen" Diskurses. Verschiedene Diskursethiker haben diese Begriffe unterschiedlich (und nicht immer gleichsinnig) artikuliert. Ich bevorzuge den Begriff eines moralischen Diskurses und erkläre dessen Besonderheit durch fünf „Parameter des moralischen Diskurses".[11] Natürlich behaupte ich nicht, dass Geschäftssitzungen, deren Ziel das Managen des operativen Geschäfts eines Wirtschaftsunternehmens ist, moralische Diskurse *sind* (oder *sein sollten*), deren Ziel ja die Festlegung moralischer Richtigkeitsüberzeugungen ist. Ich meine aber, dass (m)ein Begriff eines moralischen Diskurses und seiner Parameter sowohl für das Kommunikationsdesign wie für die Beurteilung des Kommunikationsdesigns der Governancestrukturen von Organisationen, auch unternehmerischen, relevant ist. Hier liegt meines Erachtens der Schlüssel zur „Gestaltung moralsensitiver Governance-

---

[11] Kettner 2004, S. 45-64.

strukturen" (ebd., S. 72). Die de-kontextualisierte Behauptung eines Vor-
rangs moralischer Werte, Normen, Gründe (vor andersartigen Werten,
Normen, Gründen) ist jedenfalls nicht die Lösung. Darin stimme ich
Wieland zu. Aber die kontextualisierte Wielandsche Gleich-Gültigkeit ist
es auch nicht.

Vermutlich wirft die Unterscheidung „Begründungsebene" versus
„Anwendungsebene" mehr Probleme auf, als sie löst. Ich schlage vor, es
einmal anders zu versuchen, indem wir den Schnitt nicht zwischen Begründung und Anwendung legen, sondern zwischen de-kontextualisie-
rende Begründungen und re-kontextualisierende Begründungen moralischer Urteile.

III.

In dem rezenten, die Governanceethik konsolidierenden Band „Normativität und Governance"[12] nimmt Wieland die „Umstellung" der Ethik vom
Handlungs- auf den Governancebegriff in ein Sowohl-als-Auch zurück,
weil er sieht, dass die „Selbstbindungsregimes" handelnder Personen,
ihre „Tugenden", „ein notwendiges Argument einer umfassenden Governancefunktion sind" (Wieland 2005, S. 61). Auch die 1999 noch
eskamotierte Frage nach dem eigenständigen ethischen Gehalt der pro-
klamierten Governance*ethik* wird nun adressiert: „Es geht um ein besse-
res Verständnis der ethischen Dimension der Governance und darum,
eine elaborierte und verallgemeinerte Definition der Governanceethik zu
gewinnen" (ebd.). Gegen das (durch die abstrakten Definitionen 1999
allerdings nahe liegende) Missverständnis des Governancebegriffs als
eines außermoralischen Begriffs betont Wieland nun ihr moralisches
Moment: „Der Governancebegriff hat von allem Anfang an eine ihm
immanente tugendethische oder allgemein moralische Dimension" (ebd.,
S. 69). An transaktionskostenökonomische Vorstellungen von Governance als Anweiser „technischer" (d.h. an Standards von Kostengünstig-
keit und Wirksamkeit bemessener) Integrität von Entscheidungen an-
schließend, erweitert Wieland diese um die Vorstellung einer „moralischen" (d.h. an Standards von Rechtschaffenheit bemessener) Integrität
von Akteuren (ebd., S. 8), von natürlichen Personen bis hin zu Organisa-

---

[12] Wieland 2005.

tionen (Wieland unterscheidet „private, öffentlichen, kollektive und individuelle" Akteure).

Einen Explikationssprung erreicht Wieland durch Formalisierung des mit Governanceethik Gemeinten in Form einer „Governancefunktion", die das Objekt solcher Governance, eine moralisch integre Transaktion (Tm), als Funktion einer Verkettung von variablen Größen darstellt. Diese Größen bzw. „Funktionsargumente" (ebd., S. 91) sind: Individuelle Selbstbindungsstrategien (IS), formale Institutionen (FI), informale Institutionen (IF), organisationseigene Mechanismen der Koordination und Kooperation (OKK). Für diese Vierheit beansprucht Wieland (ebd., S. 38) Vollständigkeit und Notwendigkeit, weil es „keine weiteren Governancestrukturen zur Realisierung moralischer Ambitionen in sozialen Kooperationsprojekten gibt" (= Vollständigkeit) und jedes auf jede distinkte Transaktion wirkt (= Notwendigkeit). Funktionalität eines Funktionsarguments für Tm wird mit der Ziffer 1 notiert, Indifferenz mit einer Null, Dysfunktionalität wird mit der Ziffer −1 notiert. Hinzu kommen Indizes für Orte, Zeiten und Akteur-Arten. Die Pointe der Governancefunktion sehe ich darin, dass sie modelliert, wie das Zustandekommen moralisch integrer Transaktionen vom Zusammenwirken verschiedener Faktoren abhängt. Wielands kombinationsstarker Formalismus leistet gute Dienste bei der schematischen Darstellung unterschiedlicher Welten und Umwelten moralischen Handelns. So kann man zum Beispiel die Lage schematisieren, in der ein Angestellter sich befindet, dem seine persönliche Moralvorstellung *whistle blowing* zur Pflicht macht, der aber in einer Firmenkultur arbeitet, die dies nur in Papierform gut findet, in der Praxis diesseits des Leitbilds aber als Illoyalität betrachtet. Wie sich die Funktionswerte in einem bestimmten zu analysierenden Fall genauer verknüpfen, welche Kopplungen welches Gewicht haben – dies alles wäre im Einzelfall nur empirisch zu bestimmen. Das Schema der Governancefunktion hat großen Wert für entsprechende empirische Untersuchungen, deren Suchheuristiken es anleiten und deren Ergebnisse es zusammenhalten kann.

Die Governancefunktion modelliert Praktizierbarkeitsbedingungen des moralisch Richtigen, lässt sich sozusagen auf Faktizität *und* Geltung ein. Das ist ein Plus. Aber sie lässt sich nicht auf Begründung ein, daher bleibt der Geltungsbegriff völlig in der Luft hängen. Das ist ein Minus. Denn wie sollte, wer von Geltung reden will, von Begründung ganz schweigen können? Moderne Gesellschaften schaffen einen Hintergrund, vor dem von Geltung eigentlich nur reden darf, wer Geltung durch Begründung auszuweisen bereit ist. Geltung ohne Anbindung an diskursive Praktiken von Rechtfertigung und Kritik ist ein vormoderner Modus von Geltung. Wieland ist so bemüht, Kehraus mit der Vorstellung zu machen, dass Begründung allein Geltung *erzeugt* (eine Vorstellung, die für Diskursethiker übrigens genauso absurd sein kann wie für Govenanceethiker), dass er die Rolle von Begründung für Geltung pauschal entwertet. Das ist ein Differenzierungsverlust.

Als Minus erweist sich dieser (für die Struktur der Governanceethik, soweit ich sehe, gar nicht nötige) Differenzierungsverlust spätestens dann, wenn Wieland im Hinblick auf „Diskurse und Dialoge" behauptet, „sie begründen nichts" (in einer früheren Fassung) bzw. jetzt etwas vorsichtiger: „Sie begründen nicht umfassend und grundlegend Entscheidungen und Lösungsstrukturen hinsichtlich Tm ..." (Wieland 2005, S. 80). Er meint, wenn sie überhaupt etwas leisten, dann „Entscheidungen ... im Konsens der Beteiligten" zu produzieren (ebd.). „Wertegesteuerte Entscheidungen" sind für Wieland nun eo ipso „lokal unbegründet" (ebd., S. 81) und, da sich der „Wertekonflikt auf der lokalen Ebene als Begründungskonflikt auf der globalen Ebene" wiederholt (ebd., S. 81), global eigentlich auch. Irgendwie gibt es Begründungen, irgendetwas begründen Begründungen auch, aber irgendwie sind Begründungen nur das fünfte Rad am Wagen. Das, so scheint mir, ist der Tenor.

Es fällt mir schwer, in diesen Behauptungen mehr als bloße Setzungen zu sehen. Was ist ihr Status? Sind es Bemerkungen aus soziologischer Perspektive? Sind es Bemerkungen aus diskurstheoretischer Perspektive? Wenn letzteres, sind sie sicher in dieser Allgemeinheit falsch. Wir Diskurstheoretiker unterscheiden diskursive Praktiken, deren internes Ziel die Herstellung akzeptabler Entscheidungen ist, von solchen, deren internes Ziel die Rechtfertigung oder Kritik von Richtigkeitsüberzeugungen über gute Gründe („Geltungsansprüche") ist. Konsens kann (muss aber nicht) in beiden Praktiken entstehen; nur meint Konsens im ersten Sinne soviel wie einwilligendes Zustimmen, im zweiten Sinne rechtgebendes Zustimmen. Einwilligendes und rechtgebendes Zustimmen sind zwei auf interessante Weise unterschiedliche Konsensformen. Die erste kann, muss aber nicht, die zweite muss auf anführbare Gründe bezogen werden. Beide können auch kombiniert sein. Dann willigt man ein und hat zudem diskursiv geprüfte Gründe dafür, einzuwilligen. Hier besteht Diskussionsbedarf zwischen Governanceethik und Diskursethik. Ich würde

gerne besser verstehen, was es heißt, wenn Wieland verkündet, „die lokale Situation dominiert das Ergebnis der Entscheidungsprozesse, nicht
aber dessen normatives „framing"" (ebd., S. 81 f.). Vielleicht wäre es
sinnvoll, wenn wir anhand einzelner Fälle F einmal genauer rekonstruieren würden, wie die Entscheidung im Fall F zustande kommt und welche
Rolle Gründe (und das rechtgebende Zustimmen) dabei spielen. Ich be-
zweifle, dass die Empirie zeigt, dass diese Rolle stets insignifikant ist.
Aber vielleicht ist es ja so. Mein Punkt ist, dass Wieland nicht gezeigt
hat, ob es sich so verhält, wie er meint. Mein Einwand ist empirisch.

Ich komme zum letzten Punkt meiner kursorischen Bemerkungen: die
Selbstverortung der Governanceethik als „eine starke Tugendethik". Als
Tugendethik sieht Wieland die Governanceethik, weil sie sich (1) auf
individuelle *und* kollektive Akteure bezieht und (2) den „Zusammenhang
von moralischer Neigung und potenzieller Fähigkeit als immanente ethische Qualität von Selbst- und Fremdsteuerung konzipiert" (Wieland
2005, S. 102). Aber: Die beiden Merkmale sind meines Erachtens weder
notwendige noch hinreichende Bestimmung jener Moralvorstellungen,
die man metaethisch als die Familie der Tugendethiken zusammenfasst.
Mir ist nicht nur unklar, ob Wieland seinen Ansatz unter dieser Beschreibung in diese Familie eingliedern *kann*, sondern auch, warum es ihm so
wichtig ist, dass er die Governanceethik hier einreihen *will*. Einer der
wichtigsten Versuche, die Tradition der Tugendethik zu klären, ist sicher
der von Alasdair MacIntyre.[13] Er versucht den Nachweis, dass die
Aufklärung mit der aristotelischen Tradition die eigentlich rational über-
legene Theorielinie verworfen hat. Er untermauert diesen Anspruch mit
einer überzeugenden Rekonstruktion des Begriffs von Tugend. Tugend
wird am besten verstanden als eine Personeneigenschaft, die zum Gut
jener Art eines ganzen menschlichen Lebens beiträgt, in dem diverse, in
Verfolg bestimmter Praxisarten einem sich erst aufschließende Güter
integriert werden in ein lebenslanges Gesamtmuster von Zielen, das eine
Antwort auf die Frage darstellt: „Welche Art von Leben ist für ein
menschliches Wesen wie mich das beste?" Ich sehe nicht, wie die Governanceethik in diesem Sinne Tugendethik sein könnte.[14]

---

[13] MacIntyre 1995.

[14] Eine verkürzte Definition von Tugend könnte lauten: „Tugend ist die Charakter-
disposition eines moralisch Handelnden, aufgrund derer er in der Lage ist, die seinen moralischen Überzeugungen entsprechenden Handlungen motiviert (freiwillig),

Dass mir die Proklamation, Governanceethik sei Tugendethik, so wenig sinnfällig vorkommt, hat seinen tieferen Grund freilich in etwas anderem, nämlich in der wiederholten Betonung, Governanceethik sei deskriptive Ethik. Wenn die Governanceethik wirklich durchgängig auf die Reklamation normativer Gehalte verzichtet und durchgängig deskriptive Ethik ist, dann ist ihr metaethischer Status der einer Moral*theorie* ohne Moral. Daran wäre nichts auszusetzen. Die Ethik hat neben normativen Zweigen auch deskriptive (z.b. Moralgeschichte und empirische Moralpsychologie). Nur wäre dann der Name „Governancetheorie des moralischen Engagements" meines Erachtens treffender als der einer „Governanceethik" oder „Ethik der Governance". Vielleicht verfügt die Governanceethik aber doch über ein uneingestandenes eigenes normatives Moment. Ein solches läge schon darin, dass es einem Vertreter des Governanceethik-Ansatzes um etwas geht, was sein soll: Im Licht gegebener moralischer „Ambitionen" (welchen auch immer) soll durch vergleichende Analyse bestimmt werden, welche unter vielen möglichen Governancestrukturen welche Eignung hat, diese Ambitionen zu *verwirklichen*. Wenn Governanceethik keinerlei moralischen Eigenwertbindung an dieser Stelle hat, dann kann ein Governanceethiker das Ergebnis seiner Analyse *ebenso gut* dafür einsetzen, die betreffenden Ambitionen zu schwächen, wie sie zu stärken. Vielleicht ist die Deskriptivität der Governanceethik so gemeint. Dann wäre die (deskriptive) Governanceethik eine moralisch neutrale und deshalb moralisch ambivalente *Analysetechnik*. Vielleicht übertreibt Wielands Darstellung des deskriptiven Moments der Governanceethik aber auch, dass sie noch ein anderes, genuin normatives Moment besitzt.

IV.

Der Begriff der Governance ist auch der postklassischen Diskursethik nicht fremd. Ich habe den Begriff vor dem Hintergrund des Pragmatismus in die diskursethische Diskussion eingeführt, um die vielfältigen Regulationen zu bezeichnen, die in der geschichtlich-sozialen Wirklich-

angemessen und durchhaltend auszuführen" (Wils 2002, S. 513-516). Diese Definition sozusagen des kleinsten Nenners ist, soweit ich sehe, für den Anspruch der Governanceethik zu klein, weil sie zu sehr auf die natürliche Person fokussiert.

keit die Variation, Selektion und Retention in normativen Texturen ver-
mitteln.[15]

Diskurs ist ein sekundäres und auf jeden Fall nur eines von vielen Re-
gulationssystemen, die die Governance normativer Texturen regeln. Hier
stimme ich Wieland zu. Aber es ist meines Erachtens das entscheidende
Regulationssystem, um Rationalitätsansprüche für die Governance normativer Texturen erheben zu können. Hier sehe ich eine lohnende Kon-
troverse zwischen Governanceethik und Diskursethik.

Weiteren Diskussionsbedarf sehe ich in der Bestimmung des Moralischen. In frühen wie in rezenten Darstellungen der Governanceethik wird
dort Abstinenz gepflegt, wo sich aus dem Zusammenhang der Sache die
Frage stellen würde, von was für einer Moral, von welchen moralisch
normativen Gehalten denn eigentlich die Rede sei. Hier wäre es gut, sich
einmal grundsätzlich über die Form(en) der Moral zu verständigen. An-
halts- und Abgrenzungspunkte böten einige grobe Analogisierungen: Für
Kontraktualisten ist Moral eine Art flächendeckender Tarifvertrag. Für
Utilitaristen sind moralische Handlungen oder moralische Regeln ein
Unternehmen, in dem alle von ihnen betroffenen Menschen zugleich
Shareholder sind. Für Autonomisten (Kantianer) ist Moral eine Art guter
Rechtsordnung oder Verfassung. Für Intersubjektivisten (Konsensualis-
ten, Diskursethiker, Vertreter einer Moral der wechselseitigen Achtung)
ist Moral eine Art demokratischer Gesetzgebung. Für Kommunitaristen
ist Moral eine Art Wertegemeinschaft. Und Tugendethikern (zumindest
den perfektibilistischen) erscheint Moral als ein Selbstvervollkomm-
nungsprogramm.

Hier muss die Diskussion weitergehen. An anderer Stelle.

Literatur

Baier, K. (1958): The Moral Point of View. New York/Ithaca.

Kettner, M. (1998): Reasons in a World of Practices. A Reconstruction of
Frederick L. Will's Theory of Normative Governance, in: Kenneth R.
Westphal (Hg.): Pragmatism, Reason, and Norms. A Realistic Assess-
ment. New York: Fordham University Press.

---

[15] Kettner 1998, S. 255-296 und 2000a, S. 55-79.

Kettner, M. (2000a): Changing Normative Textures. How Discourse-Ethics Meets the Challenge of Historicism, in: Peter Koslowski (Hg.): Contemporary Economic Ethics and Business Ethics. Heidelberg: Springer.

Kettner, M. (2000b): Welchen normativen Rahmen braucht die angewandte Ethik? in: ders. (Hg.): Angewandte Ethik als Politikum. Frankfurt a.M.: Suhrkamp Verlag.

Kettner, M. (2002): „Moral", in: M. Düwell/Chr. Hübenthal/M.H. Werner (Hg.): Handbuch Ethik. Stuttgart: Metzler Verlag.

Kettner, M. (2003): Kritische Theorie und die Modernisierung des moralischen Engagements, in: Alex Demirovic (Hg.): Modelle kritischer Gesellschaftstheorie. Traditionen und Perspektiven der Kritischen Theorie. Stuttgart: Metzler Verlag.

Kettner, M. (2004): Das Spezifikum der Diskursethik ist die vernunftmoralische Normierung diskursiver Macht, in: Peter Ulrich/Markus Breuer (Hg.): Wirtschaftsethik im philosophischen Diskurs. Würzburg: Königshausen + Neumann.

MacIntyre, A.C. (1995): Der Verlust der Tugend. Frankfurt: Suhrkamp.

Wieland, J. (1999): Die Ethik der Governance. Marburg: Metropolis Verlag.

Wieland, J. (2000): Globale Wirtschaftsethik. Steuerung und Legitimität von Kooperation in der Weltökonomie, in: M. Kettner (Hg.): Angewandte Ethik als Politikum. Frankfurt a.M.: Suhrkamp Verlag.

Wieland, J. (2005): Normativität und Governance. Marburg: Metropolis Verlag (Reihe „Studien zur Governanceethik", Band 3).

Williams, B. (1999): Ethik und die Grenzen der Philosophie. Berlin.

Wils, J.-P. (2002): „Tugend", in: M. Düwell/Chr. Hübenthal/M.H. Werner (Hg.): Handbuch Ethik. Stuttgart: Metzler Verlag.

Zu den Autoren

Dr. Markus C. Becker. Studium der Wirtschaftswissenschaften an der Universität Witten/Herdecke, danach Promotion zum Ph.D. am Judge Institute of Management, University of Cambridge. Nach drei Jahren als Assistant Professor in Strategischem Marketing an der University of Southern Denmark Berufung an das französische CNRS (Centre National de Recherche Scientifique). Dort als Chargé de recherche beim Bureau d'Economie Théorique et Appliquée (BETA) in Strasbourg tätig. Forschungsgebiete: Theorie der Firma, Evolutionsökonomik, Institutionsökonomik, Wissensgovernance, Governance von Zulieferbeziehungen, Innovationsmanagement, Produktentwicklung, organisationaler Wandel.

Prof. Dr. Matthias Kettner. Jahrgang 1955; Professor für Philosophie und Dekan der Fakultät für das Studium Fundamentale an der Privatuniversität Witten-Herdecke. Studium der Philosophie und Psychologie in Frankfurt, Heidelberg und Madison/Wisconsin. 2000-2003 am Kulturwissenschaftlichen Institut Essen Leitung eines DFG-Forschungsprojekts über die Organisationsformen und den moralischen Anspruch klinischer Ethik-Komitees, 2001-2004 Ko-Leitung einer KWI-Forschungsgruppe über Neue Anthropologie zwischen Biologie und Kultur. Forschungsschwerpunkte in Diskursethik, angewandter Ethik, Kultur- und Sozialphilosophie.

Dipl. Oec. Christian Lautermann. Jahrgang 1976; studierte in Saarbrücken, Siena und Oldenburg Sozial- und Wirtschaftswissenschaften mit ökologischem Schwerpunkt. 2003 gründete er mit einigen Kommilitonen das Studentische Netzwerk für Wirtschafts- und Unternehmensethik – sneep. Seine Diplomarbeit zum Thema „Die gesellschaftliche Verantwortung transnationaler Unternehmen" schrieb er bei Prof. Reinhard Pfriem, Universität Oldenburg, wo er seit 2005 promoviert.

Prof. Dr. Guido Palazzo. Jahrgang 1968; studierte Betriebswirtschaft und Philosophie in Worms, Bamberg und Marburg. Nach dem Abschluss

zum Diplom-Kaufmann Promotion bei Walther Ch. Zimmerli an der
Universität Marburg, Lehrstuhl für Angewandte Philosophie. Seine Dis-
sertationsschrift „Die Mitte der Demokratie" (Nomos 2002) beschäftigt
sich mit den Auswirkungen gesellschaftlicher Veränderungstrends auf
moderne Konzeptionen von Rechtsstaatlichkeit und Volkssouveränität.
Seit März 2003 unterrichtet er Unternehmensethik an der Ecole des
Hautes Etudes Commerciales der Universität Lausanne. Seine Forschungsschwerpunkte sind unter anderem Corporate Social Responsibility, Organizational Ethics, Leadership and Ethics, Theories of Democracy. Seine Artikel werden in führenden internationalen Journalen veröffentlicht (u.a. Journal of Business Ethics, Business Ethics Quarterly). Er
berät führende Unternehmen in Deutschland und der Schweiz zu unternehmensethischen Fragestellungen.

Prof. Dr. Reinhard Pfriem. Jahrgang 1949; Inhaber des Lehrstuhls für
Allgemeine Betriebswirtschaftslehre, Unternehmensführung und Betriebliche Umweltpolitik (www.laub-net.de) an der Carl von Ossietzky-
Universität Oldenburg. Er initiierte 1985 die Gründung des Instituts für
ökologische Wirtschaftsforschung (IÖW) gGmbH in Berlin und war dort
fünf Jahre geschäftsführender Gesellschafter. Gründungsgesellschafter
der ecco ecology and communication Unternehmensberatung GmbH in
Oldenburg. Seit Mai 2003 Mitglied des Direktoriums des Zentrums für
Wirtschaftsethik (ZfW). Vorsitzender von ONNO e.V., einem nachhal-
tigkeitsorientierten Unternehmensnetzwerk in Ostfriesland.

Prof. Dr. Birger P. Priddat. Jahrgang 1950; von 1991-2004 Lehrstuhl
für Volkswirtschaft und Philosophie an der Wirtschaftsfakultät der Universität Witten/Herdecke, seit 2004 Lehrstuhl für Politische Ökonomie an
der Zeppelin University in Friedrichshafen am Bodensee; dort Head of
the Department of Public Management & Governance. Forschungsschwerpunkte: Institutional Economics, Politische Ökonomie, Politikpro-
zesse, Theoriegeschichte der Ökonomie, Ökonomie & Kultur (darin auch
Wirtschaftsethik).

Prof. Dr. Michael Schramm. Jahrgang 1960; Studium der Katholischen
Theologie und der Germanistik in Würzburg sowie wirtschaftswissen-
schaftliche Zusatzstudien an der FernUni Hagen. Von 1995-2001 Inhaber
des Lehrstuhls für Christliche Sozialwissenschaft an der Theologischen

Fakultät Erfurt. Seit 2001 Inhaber des Lehrstuhls für Katholische Theologie an der Universität Hohenheim sowie Verantwortlicher für das Wahlfach Wirtschafts- und Unternehmensethik. Arbeitsschwerpunkte: Moraltheorie, Wirtschafts- und Unternehmensethik, Analyse der Religions- und Moralkulturen in der Moderne, ökonomische Effekte von Religions- und Moralkulturen.

Prof. Dr. Josef Wieland. Jahrgang 1951; Studium der Volkswirtschaftslehre und Philosophie an der Universität-GHS Wuppertal. Promotion und Habilitation auf dem Gebiet der Volkswirtschaftslehre. Seit 1995 Professur für Allgemeine BWL mit Schwerpunkt Wirtschafts- und Unternehmensethik an der Hochschule für Technik, Wirtschaft und Gestaltung Konstanz. Träger des Max-Weber-Preises für Wirtschaftsethik des BDI 1999 und des Preises für Angewandte Forschung des Landes Baden-Württemberg 2004. Direktor des Konstanz Institut für Werte-Management (KIeM) sowie des Zentrums für Wirtschaftsethik (ZfW). Forschungs- und Arbeitsschwerpunkte: Neue Institutionen- und Organisationsökonomik, Empirische Gerechtigkeitsforschung, Ökonomische Theoriegeschichte, Wirtschafts- und Unternehmensethik. Zahlreiche Publikationen, Vorträge im In- und Ausland, Interviews in Zeitungen, Magazinen, Rundfunk und Fernsehen.